ちくま新書

コミュニティと都市の未来

——新しい共生の作法

吉原直樹
Yoshihara Naoki

1445

コミュニティと都市の未来——新しい共生の作法【目次】

II 多様性 127

第五章 安全・安心――コミュニティの虚と実 160

Ⅲ　ボーダーとボーダーレス　209

まえがき

「都市はエロスにみちあふれている」
(アイリス・ヤング『公正と差異の政治学』)

少し前のことであるが、あるところで、いくつもの「なぜ?」がせめぎあう都市にとまどいを隠せないでいる、と書いた。久しぶりに東京の繁華街にくり出したときに、耳慣れない言葉が飛び交っていることにとまどいを覚え、そう書いたのだが、日本が確実に「移民大国」に向かっていることを思えば、このとまどいは一種の現実認識に回収されるべきものであるのかもしれない。

それでも私のなかではとまどいは深まるばかりである。というのも、耳慣れない言葉を発する人びとにたいしてというよりは、そうした人びとが具体的に都市をどう生き、都市のにぎわいをどうつくり出しているのかがよくみえてこないこと、にもかかわらず、この社会では、かれら/かの女らにたいして相変わらずケイオス(混沌)をつくり出すものとしてラベリングする傾向にあるようにみえるからである。私が抱くとまどいとは、どうもこの「乖離」からきているようだ。それは「移民大国」がいわれながら、一向に整備されない制度と実態の間のズレをあらわしているといえるかもしれない。

それでも多文化主義が清新な響きをもっていたひと昔くらい前までは、都市全体が耳慣れない言葉にたいして寛容であったように思われる。しかしいまはどうであろう。耳慣れない言葉を耳にする機会が増えれば増えるほど、そうした言葉を発する人びとにある種の恐怖に近いものを抱くようになり、多文化主義が成熟するまえに一足飛びにポスト多文化主義に移行してしまっているようにみえる。

これは何も日本だけのことではない。汎世界的な状況としてもある。友人のS君が七年ぶりにニューヨークに出張した。そのとき実に衝撃的な体験をしたという。ブロードウェイを歩いていて、露骨に「日本に帰れ」といわれた。七年前にはこんなことはなかったという。排外的なナショナリズムが街頭にまで溢れ出ているのである。ドイツでもフランスでも、またイギリスでも街を歩く移民にたいして「国へ帰れ」という発言があとをたたない。こうした状況を厚く上塗りするかのように、それぞれの社会においてヘイトと極右が台頭している。

いま都市の雰囲気をシニフィエするキーワードは「不寛容な社会」「非寛容時代」であ

る。この「不寛容な社会」「非寛容時代」では、都市の伝統を構成してきた多様性、共生が死語になりつつある。「違うもの」を遠ざけ支配的なものへの従順をもとめる、極度に閉鎖的で排他的な空気が横溢《おういつ》している。そしてきわめて政治的な色調をおびたフェイクがメディアやネットを通して拡がっている。その極みは、トランプに代表される「自国第一主義」の台頭である。そうしたなかで、「都市の空気は自由にする」といわれた中世以降、さまざまな宗教、言語、生活習慣が自由に交錯することによってつくり出されてきた都市のにぎわいが消えかかっている。「異なる他者」と接することによって生み出された都市の活力がみえなくなっている。

「違うもの」と交わることによってあみ出された破天荒なスタイル、自由奔放な言論や芸術、若者の異議申し立てなどは、長い間都市の風物詩をなしてきたが、それも次第に都市を特徴づけるものではなくなっているようにみえる。都市が「許容社会」であった時代、そして多文化主義が矛盾をはらみながらも伸びしろのあった時代はもうとっくの昔になっているのかもしれない。そして都市のコミュニティはといえば、オールタナティヴがはぐくまれる場というよりはむしろ、翼を失った共同体主義、排外主義が跋扈《ばっこ》する場となっているといったほうがいいのかもしれない。

しかし本書では、都市／コミュニティの未来を悲観論一色で塗りつぶすことはしない。

不寛容／非寛容な空気に押し包まれた都市はたしかに憂鬱ではあるが、移民の流入がやっと「欧米先進国並み」になり、そしてネオリベラリズムにもとづくグローバリゼーションがよりダイナミックになっているいまこそ、「違うもの」、「異なる他者」が都市／コミュニティにもたらすインパクトの可能性がどこにあるのかを真摯《しんし》に考えてみたいと思う。冒頭で言及したとまどいは、だからこそ、「いくつもの『なぜ？』がせめぎあう異界にどう向き合うか」という問いにもなるのだ。この問いを深めていくなかで、ポスト多文化主義における多様性、共生のかたちが、かすかではあるがみえてくるかもしれない。そこで期待されるのは、多様な問いが投げかけられ、投げ返される熟議の場であり、そうした場形成とともに崩れかかっている自由奔放な言論や芸術の基層を建てなおすことである。しかしそれはいま望むべくもない。本書では、そのための基礎的な議論と若干の経験的素材の提供を行うことに専念したい。

本書は全体三部からなる。まず序章で都市共生のありようを問うことの理論的、経験的必然性を示す。Ⅰ部では共生の原理をイリイチの『コンヴィヴィアリティのための道具』のテキスト読解を通して明らかにするとともに、都市への基本的視座の設定を森鷗外、夏目漱石、須賀敦子の都市へのまなざしを共有することによってこころみる。そしてその上で近代の都市認識の要となる「多様性」および「寛容」についてジェイコブズおよびフロリダに即して論述する。

Ⅱ部では、Ⅰ部の原理論的考察を踏まえた上で、「多様性」および「寛容」の経験的位相を二つの都市的現実、コミュニティの実相から浮かび上がらせる。さらにそうした現実／実相を近代のコスモポリタン化の文脈で再審し、「多様性」および「寛容」の反措定が都市理解においてきわめて重要であることを指摘する。

以上を受けて、Ⅲ部では近代が都市に設けた、ジェンダー、エスニシティ、生活様式、などの間のボーダーが失効していること、むしろそれらを超えたところでの情動的紐帯《ちゅうたい》にもとづく「対話的なコミュニティ」が「多様性」および「寛容」の新たなかたちをはぐくみつつあることを二つの事例分析を通して示す。そして終章で、全体を貫くテーマに関する問題のありかを再確認するとともに、そこにひそむ課題を開示する。

本書を手にする読者には、必ずしもⅠ→Ⅱ→Ⅲという読み方を望むわけではない。むしろ関心を抱いたところから読み始め、前後に遡及《そきゅう》して読み進んでいただければ、望外の喜びである。

序　章　いま、なぜ都市共生なのか

†国民国家の揺らぎのなかで

　グローバリゼーションが進展するとともに、ヒト、カネ、インフォメーションのフローが急速に進んでいる。この場合のフローとは、移動を含んだ流動性、あるいは逆に流動性を含んだ移動のことを指す。フローは単に社会の流動性を高めるのみならず、社会を成立させている基盤を危ういものにしている。国家のあり方が変化し、国民国家が大きく揺れている。これまで社会を小分けしていた境界はもはや人びとの移動を妨げるもの、あるいはそれを制約するものではなく、フローが進むにつれて人びとはそれを簡単に潜り抜けていく。いまや境界は無力化・形骸化している。

　では人びとは境界から自由になっているのかというと、必ずしもそうではない。境界の内と外で人びとを規律づける新たな権力が台頭しつつあり、国家とともにあった境界はいまやズタズタになっている。同時に、そうした新しい権力の台頭とともに、新たな境界がつくられている。

人びとはかつての境界を簡単に潜り抜けていくが、新しい境界に再び組み込まれてもいる。しかしすべての人がそのような境界に組み込まれているわけではなく、境界というものに胡散臭さを感じ、逃走する人もいる。サンドロ・メッザードラの『逃走の権利――移民、シティズンシップ、グローバル化』にもあるように（メッザードラ 二〇一五）、人びとは新しい境界から逃走しようとしているが、そこでは逃走できる人とできない人が出てくる。個々人の置かれている経済的・政治的・社会的状況の違いがそれに大きく影響していることは間違いない。

境界は人びとを包摂するが、一方でそこから逃走していく人もいる。いまは包摂と逃走がせめぎ合っており、そうしたなかで国民国家のナラティヴ（物語）は大きく揺らいでいる。国民国家によってつくられた固定的装置、制度的枠組みはかつてほど人びとを制約するものとはなっていない。われわれはヘーゲル以降、国民国家と市民社会のありようについて長らく議論をしてきたが、国民国家のナラティヴが揺らぐとともにこれと対抗してきた市民社会も揺らぎ、どこに行くのか皆目見当がつかなくなっている。

従来の市民社会の理念は曖昧になり、ある意味で風化していく。かつての国民国家と市民社会はマイノリティの存在をある程度尊重し、違いを容認してきたが、その土台となるデモクラシーそのものが大きく変化しつつあるのではないだろうか。別の言い方をすると、デモクラシーにたいして、人びとが以前ほど期待を抱かなくなっているのではないだろうか。

近年、デモクラシーをなじり、嘲笑するような言説が満ちあふれている。とりわけネットの世界では、人種や文化を異にするマイノリティへの差別・排斥を公然と主張する意見が行き交っている。共生という言葉はもはや死語になりつつあり、これについて語ること自体が絵空事と化しているのである。

†未来都市の共生シナリオ

だが、この五年間だけでも、状況はかなり変化している。AI化やデジタル・コミュニケーションが急速に進むなかでかつて見られなかったような「出会い」が生まれ、それを通してデジタル・コネクティビティについても語られるようになり、共生のあり方自体が問い直されている。われわれはまさにそういう時代に生きているのである。

フェーストゥフェース・コミュニケーション（顔の見えるコミュニケーション）を絶対視する立場からすればデジタル・コミュニケーションはまさにバーチャルだが、それによって生み出されたデジタル・コネクティビティは、国民国家が機能していたときとは異なる共生、場合によっては、いまの世界では実現不可能だと思われる親密圏をもたらすのではないだろうか。

私はいまジョン・アーリの *What is the Future?*（『未来は何か』）の訳出にかかわっているが、アーリはそこで未来都市について四つほどのシナリオを提示しており、その一つとして「住みよい都市」をあげている。かれによると、それが実際に現れてくるとすれば、共生の中味が鍵になると述べている（アーリ 近刊）。

共生はもはや意味がないというのは戯言である。われわれが未来都市について考えるとき、共生を再定義化することが重要になってくる。未来都市については否定的な見解が多く、そのほとんどがディストピアを想定している。二〇一九年五月一日に平成から令和に年号が変わったが、われわれの周りでは令和一〇年を見通す人はあまり多くはない。それでもディストピアを予想する人が大半である。

未来都市としてデジタル都市や要塞都市などを想定する議論があるが、いまのところそれらのほとんどは否定的な論調となっており、移動（mobility）という点ではむしろ格差が広がるだろうと言われている。ちなみに、前掲のアーリは、これまでは水平的（横）な移動のなかで格差が生まれたが、これからは垂直的（縦）な移動のなかでそれが問題になるだろうと述べている。そこでは豊かな人びとはどんどん上の方に向かって行き、底辺部分の人びと（貧困層・非正規雇用）は地上を這い回ることになるだろうと予測されている（アーリ近刊）。

たとえばブラジリアやドバイやクアラルンプールなどではすでにその予兆が見られ、富裕層は日常的にヘリコプターで上に向かって移動している。これらの都市はモデルになり得ないという人もいるが、私たちの社会には外国人労働者が続々と入ってきており、しかもかれらのかなりの部分が不安定な職種に就くことになるだろうと考えると、あながち非現実的な予測とはいえないだろう。かれらが地上を這い回るようになれば、豊かな人びとは上に向かっていくだろうというシミュレーションを嗤うことはできない。富裕層は「野蛮な飛び地」である底辺のコミュニティを嫌っていて、外よりはむしろ上の方に向かっていく。そうだとすれば、これは明らかにディストピアとしての未来都市の姿である。

だからこそ、底辺層も含み込んだ「住みよい都市」としての未来都市の可能性を検討する必要がある。その場合、同時に次のようなことを視野に入れるべきである。日本はいまどんどん縮小している。必然的に成長から脱成長の段階になり、サステイナビリティをどう達成するかが大きな課題となっている。それとともにエネルギーの問題も問われるようになる。脱炭素化がいわれるようになって久しいが、エネルギーシフトと見合うようなかたちでの都市のあり方が問われている。

これまでのような車に依存する社会から脱却するために、ポストカーをどう見据えるかも大きな課題となってくる。最近では個人でクルマを所有しないカーシェアリングが急速に広がり、大手の自動車会社も続々とシェアリング市場に参入している。単に個々人に車を売るのではなく、むしろカーシェアリングを広げていく。このような動きは徐々に行きすぎた市場の論理を相対化する可能性があり、そこでは当然、互酬とともに共生のあり方が問い直されてくるだろう。

未来都市において共生のあり方を真剣に考える。あるいは、自然をも対象とする新しい共生の下で未来都市を展望していく。今後、そういった動きが活発になるのではないだろうか。いずれにせよ共生、とりわけ都市共生について考えることは、いまやきわめて重要な課題である。

†海の向う側で――吹き荒れる排外主義のなかで

それではいままで述べてきたことを念頭に置いて、あらためて現在の状況について考えてみよう。語られなくなった共生、あるいはいまや死語になっているとも言われる共生。そうしたなかでいったいどのようなことが起きているのだろうか。ここでは議論をわかりやすくするために、海の向う側で起こっていることと海のこちら側で起こっていることを分けて論じていく。

まず、海の向う側で何が起こっているのだろうか。三年ほど前、アフリカ・中近東から大量の難民がヨーロッパに脱出し、アメリカにも押し寄せていく様子が盛んに報じられた。現在ではあまり報じられなくなっているが、いまも難民の脱出は続いている。

しかしながら難民・移民の問題はいまに始まったことではない。二〇世紀初め、難民・移民は何らかの希望を抱きながら、新天地へと向かった。一方でいまの難民は現状を打破したい一心で母国を後にするが、その行き先は必ずしも希望の地ではない。紀元前から、ユダヤ人を中心とするディアスポラのコミュニティは存在した。かれらは海を渡り、多くはその先では自分たちの希望を達成したが、いまの難民・移民でそのようなことを考える者はほとんどいない。かれらは藁にもすがる思いでヨーロッパやアメリカを目指すが、苦心してたどり着いた先では無権利状態に置かれ、そこでは生存権さえも剝奪されかねない境遇にある。とりわけ女性・子どもには無権利状態ゆえの苦難が集中的に立ち現れている。

難民・移民がたどり着いた先は永住の地どころか排外主義が吹き荒れている。二〇一六年六月、イギリスでは国民投票によりEU離脱が決定し、テリーザ・メイ首相が登場したが、かの女はその後辞任した。フランスでは二〇一七年の大統領選挙の際、マリーヌ・

ル・ペン率いる国民戦線が台頭した。現在はかつてほどの勢いはないが、依然として一定程度の支持を集めている。またアメリカのトランプ政権は周知のように排外主義を政策の前面に打ち出している。当初、トランプ政権は長続きしないだろうと言われていたが、強固な支持基盤に支えられて意外に続きそうだとも言われている。イギリスにおけるメイ首相の登場、フランスの国民戦線の台頭、アメリカのトランプ政権の出現。これらの基層にあるのは分厚い排外主義であり、それぞれの社会の人びとが一定程度これを支持しているという現実がある。

こうした排外主義の背後には社会における格差や分断（divide）がひそんでいる。しかもそうした格差や分断を移民・難民に転嫁させる動きもあるため、排外主義は消えるどころかますます広がっていき、かつてのデモクラシーは機能不全の状態に陥りつつある。デモクラシーはいま、大きな壁に直面しているのである。

†止まらない難民・移民の流入

すでに述べたように、テロの阻止を掲げ、難民・移民の流入を阻止しようとする排外主義が吹き荒れているが、流入の動きは止まりそうにない。それぞれの国の産業構造・雇用構造のありようを考えると、難民・移民の流入を阻止することは現実的には難しい。難民・移民イコール外国人労働者とは限らないが、産業界としては難民・移民を一定程度受け入れざるを得ないという現実がある。

ところで移民・難民の流入／受け入れについては、さまざまな流れが見られるが、巧妙な排外主義の場合、ある種の移民・難民は引き受けるがそれ以外の人びとを排除しようとする。二〇一八年末、日本でも出入国管理法（入管法）が改正された。日本では移民を認めていないが、事実上「移民大国」になっている。難民を受け入れる際には「仕分け」をするが、そこで有効な仕分けをすることはほぼ無理だろうと言われている。今後、ヨーロッパやアメリカにおける排外主義の動向を見据えながら、移民・難民をいかにして受け入れていくのかを真剣に検討しなければならなくなるだろう。

ちなみに、排外主義はさまざまな特徴を持っている。まず「俺たち」と「奴ら」、あるいは「こちら側」と「あちら側」という分け方をする。そして常に「奴ら」や「あちら側」を攻撃の標的にする。たとえば、エドワード・サイードは、排外主義者たちの間では、アラブ系の人たちの意見を「あちら側の人たちの意見」とみなす、という（サイード 二〇〇三）。そこでは「あちら側」という言葉を使うことの正当な根拠を示さずに、「奴らはアメリカ人らしくない」、「奴らはヨーロピアンとしてふさわしくない」などといった言い方をするというのだ。サイードによると、「アメリカ人らしくない」と言うとき、un-Americanという言葉を使う。そこではunという接頭辞で「あちら側」「〜らしくない」ということを示しているわけだが、最近はとみにそのような動きが強まっている。

たとえば、ドイツではトルコからガストアルバイター（Gastarbeiter）を数多く受け入れているが、ネオナチの若者はそういう人びとを排斥し、物理的・暴力的に攻撃する。ドイツのみならず、ヨーロッパ各地で同様の問題が起きている。また日本でも、示威的なヘイトスピーチがしばしば見られる。これらの行為は明らかに国連の人権宣言に違反しているが、日本ではヘイトスピーチを規制せず事実上、放置している。

筆者は以前、ヘイトスピーチの現場に出向いたことがあるが、そこに集まっている人びとは、マイノリティにたいして「帰れ！」、「要らない」などと言う。理由を聞くと、「奴らは日本人らしくない」、「奴らは自分たちとは異なる他者である」という言い方をする。いずれにせよ、日本のみならず、世界的に排外主義が吹き荒れており、今後もこの傾向は続くと思われる。

†広がる分断・格差

ここで排外主義に関連してアメリカの都市についてひとこと触れておく。アメリカの都市は伝統的にブロックごとに居住する人種や民族が固定化しており、きわめて同質的なコミュニティができている。つまり都市においてセグリゲーション（segregation 棲み分け）がみられるが、これは日本のコミュニティとはかなり異なる。最近は少しずつ変化してきているが、日本のコミュニティはもともと多種多様な人びとが混在しており、金持ちもいればそうでない人もいる。したがってアメリカのコミュニティのように、最初から階層ごと、エスニシティごとに分化しているわけではない。

しかし全体として見れば、相互に異なるエスニック・コミュニティの寄せ集め・モザイクになっているというのがアメリカの大都市である。だから街路を隔てて「お前はニガーだ」、「このスペイン野郎！」などといがみ合っていても、都市全体として見れば他者にたいしてある種の寛容性を持っていた。しかしいままでは、そのような寛容性をもつ大都市はほとんど存在しない。

都市の成長過程において異なるエスニシティの間で確執が生じても、都市全体でそれを包摂するような柔軟性や多様性をもっており、それが都市共生の作法になっていた。ところがグローバリゼーションが進展するなかで分断・格差が広がり、それがテロの温床・犯罪多発の要因になると言われるようになった。グローバリゼーションはあくまで外から持ち込まれたものであり、グローバリゼーションとテロ・犯罪の因果関係は統計的に検証されているわけではないが、そのような言説が幅を利かせている。

いずれにせよ、グローバリゼーションが進展し、分断・格差が広がるにつれて異なる他者にたいする寛容さが徐々に失われていき、まさにゼロ・トレランス（zero-tolerance）の都市が全体の趨勢となっている。さらにそうした都市においてジェンダーやジェネレーション、階級・階層間の諍いがエスニシティ間の諍いと共振するような形で見られるようになり、分断・格差がいっそう激化している。このようにして様々な動きがきわめて複雑に交錯するなかで、排外主義はいろいろな要素を包み込みながら展開されるようになり、都市の亀裂をより深めているのである。そのため、都市はきわめて住みにくいところになっている。

そのような現実を踏まえながら都市共生のあり方を考えることは困難な課題ではあるが、われわれはこれを避けて通ることはできない。また、これをコミュニティとの関係で見ていくことが非常に重要になっている。この点については後で詳しく述べる。

†海のこちら側で——棄民化の現場を見続けて

さてこれまで海の向う側の話をしてきたが、それでは海のこちら側、日本ではどのような状況になっているのであろうか。筆者はこの間ポスト三・一一について注目してきたが、特に原発事故の被災地では、被災者の間で当初想定しなかったような裂け目が生じており、しかもそれらの大部分は上からつくられていることが明らかになっている。

　筆者は特にイチエフ（福島第一原子力発電所）のお膝元である大熊町に注目してきた。大熊町の九六％は帰還困難区域であり、相双《そうそう》地区のなかでも特に困難な状況に置かれている。今年（二〇一九年）の四月一〇日、大熊町は帰町宣言をし、一四日には新しい町役場庁舎の開庁式が行われたが、ほとんどの人が帰町していない。大熊町に隣接する富岡町でも帰町した人の割合は六％にとどまっている。富岡町は大熊町に比べると線量がかなり低いにもかかわらず、人びとの帰町は思うように進んでいない。

　一方で国・県は被災した人びとにたいして早期帰還を進めている。二〇一五年六月一二日の閣議で帰還困難区域を除く避難指示区域の解除が決定された。そして二〇一七年四月の段階で大熊町・双葉町を除くほぼ全域で避難指示区域の解除が行われており、今年（二〇一九年）の四月一〇日に大熊町も解除した。現在、帰還困難区域でも部分的に除染が始まっており、いずれはこれも解除する方針であるといわれている。

　被災者にとって、帰還政策はさまざまな問題をはらんでいる。まず帰還とともに、従来行われてきた補償・賠償が打ち切りとなる。そこでは「帰る人」、「当分帰らない人」、「帰らない人」に区分し、「帰る人」については「正常に復帰した人」という扱いをするが、「帰らない人」については自己責任論で冷たく突き放す。

国・県は避難指示区域内、区域外という区分けを巧みに行い、区域外の人びとを事実上排除している。区域内避難者でも、上述したように「帰る人」、「当分帰らない人」、「帰らない人」に区分し、「帰る人」は早期帰還政策の対象とするが、それ以外の人は政策の外に置いてしまう。そのため被災者の分断がすすみ、被災者・避難者の間でも諍い・亀裂が生じ、相互不信が高まっている。

こうして被災者・避難者の大部分が切り捨てられ、結果的に棄民化されていく。国は「当初、想定していた復興は順調に進んでおり、復興・創生期間はあと二年で終わる」と言っている。大沢真理はこうした復興を「大文字の復興」と言っているが（大沢 二〇一三）、その一方で「小文字の復興」、つまり雇用・子どもの学校の問題などといった被災者の生活の復旧は思うように進んでおらず、依然として厳しい状況にある。「大文字の復興」はある程度進んでいるが、「小文字の復興」はかなり遅れている（吉原 二〇一七）。

†向う側にいる他者

ちなみに、厚生経済学者で東京商科大学（現・一橋大学）、慶應義塾大学教授を歴任した福田徳三は震災では「人間が復興しなければ意味がない」と言っている。現実には「大文字の復興」と「小文字の復興」との落差はますます大きくなり、結果的に被災者・避難者の棄民化が進んでいる。しかも社会全体が被災者・避難者にたいして無関心になり、そこから目をそらしている。メディアも三・一一前後こそ熱心に取り上げるが、それ以外の期間はほとんど取り上げない。その結果、被災者・避難者の姿がどんどん見えなくなり、不可視化が進んでいく。こうして単に忘れられるだけでなく、棄民化が進んでいくのである。

以上のことは福島の原発事故に限ったことではない。高橋哲哉はオキナワ、ミナマタ、そしてフクシマを通底する「犠牲のシステム」について言及し、「犠牲にする者の利益は、犠牲にされるものの犠牲なしには生み出されない」と述べている（高橋 二〇一二：二七）。戦後日本の開発主義体制のもとにあった「犠牲のシステム」が福島の被災者・避難者の棄民化政策にも引き継がれており、そこには分断・軋轢が渦巻いている。しかもそれらの多くは外から仕掛けられており、その点においてはフクシマもオキナワもミナマタも変わらない。最近の沖縄を見ていてもそう感じるし、それは基本的に変わっていないといえる。

高橋哲哉のいう「犠牲のシステム」がいまなお存続しているとすれば、次のような言い方もできるだろう。つまり都市に生きる者が社会のあり方を考えるとき、避難者・被災者が視野に入っていないということである。先ほど「他者」という言葉を用いたが、都市に生きる者は被災者・避難者のことを自分たちと横につながる「他者」として理解せず、向う側にいる他者と考えているのではないだろうか。

都市に生きる者は、遠いところで他者化された者にたいして不寛容である。実はこのことは現在に至るまで常に見られたことであり、ポスト三・一一において象徴的なかたちで現れているといえる。いずれにせよ、被災者・避難者はもはや忘れられた存在であり、ますます遠い他者になっているのだ。都市に生きる者はいまこそ避難者・被災者と向き合うことを通して、他者との共生について考えていかねばならない。

被災者・避難者にたいするまなざしを取り戻すことがいま強くもとめられている。ちなみに、サイードは、中間的な状況に置かれている人たち、すなわち新たな環境にすっかり溶け込んでいるわけでも、国からまったく切り離されているわけでもない状況にある人たちのことをエグザイル（追放された者・亡命者）と呼んでいる（サイード 一九九五）。避難者・被災者、あるいは難民・移民をまさにそういうエグザイルと重ね合わせながらとらえ、そこから共生ということについて問い直していかねばならない時期に来ている。

†無理解と憎しみ――諍いからは何も生まれてこない

さて以上のことを念頭に置いて、都市共生について考えていくにあたりあらためて課題となることを二点ほど指摘したい。まず、異なる他者にたいして無理解・憎しみを抱く社会では何も生まれず、むしろさらに悪い社会になってしまうということをどうリアルに認識するかという点である。たとえばアメリカではいまなお白人至上主義者の蛮行が後を絶たず、それにたいするリアクションも熾烈を極めている。またヨーロッパ各地でもそれと同様の問題が起きている。

これらの背後にはさまざまな構造的要因が潜んでいるが、実はそれだけではない。人びとは異なる他者にたいして無関心・無理解で、「あちら側の人間」、「らしくない」などといったラベリングをする。そういったことが続く限り、憎しみの連鎖は続いていく。

被災地の現場では「大文字の復興」と「小文字の復興」との間で隙間が生じている。この隙間は明らかに上からつくりだされており、被災者・避難者の間でも無理解・諍い・不和が起きている。たとえば原発事故の補償問題では、人びとの間で避難指示区域内と区域外の間で境がくっきりとできている。区域外の人びとは「なぜ私たちも被ばくしているのに、賠償金をもらえないのか」と言い、相双地区の人びとは「あの人たちは関係ないじゃないか」と言うが、ここでのいがみあい・不和は基本的に上からつくりだされたものである。

先に言及したように、国が帰還ありきの「大文字の復興」を掲げ、それにより避難者・被災者の棄民化が進む。そうすると人びとの間で諍いや不和が生じ、政府不信・行政不信が増幅していくため、結果的には帰還政策にとって大きなマイナス要因となる。しかも最近では社会全体がフクシマを過去のものにし、二〇二〇年の東京オリンピックに向けた、異常ともいえる喧噪のなかでフクシマを忘れようとしている。メディアもこの風潮に加担している。

被災者・避難者を他者として社会の彼方へと追いやっていくことは、都市共生につながる芽を摘み取ってしまうことに等しい。これは先ほど述べた海の向う側の状況とはやや様相を異にするが、異なる他者にたいする無理解と放置、憎しみと不和が進んでいくという点では何ら変わりがない。都市共生は達成されるどころか、ますます遠のいていく。

†他者を守れない者は自分も守れない

都市共生を追求する際、視野に入れなければならないもうひとつの課題がある。これは筆者が自分自身に常に言い聞かせていることでもあるが、他者を守れない者がどうして自分を守れるのかということである。異なる他者を向う側に追いやり、自分たちだけが社会の構成員としてふさわしいと考える。その際、排除の根拠としてしばしばとりあげられるのはサイードのいう「公敵」という言葉で示されるものであるが（サイード 二〇〇三）、「公敵」とは何かと問われたとき、排除する者たちは「愛国心を持っていない」人と答える。愛国心を持つことが一概に悪いというわけではない。愛国のあり方が問題なのである。

排除する者たちは「公敵」を「愛国心を持っていない」人と決めつけた上で、具体的に言い表すときにunという接頭辞を用い、「あいつはアメリカ人らしくない」、「あいつはヨーロピアンにふさわしくない」というラベリングをする。

被災地では「帰らない人」たちにたいして、次のような言葉が投げかけられる。「故郷に帰りたいと思うのは当たり前なのに、なぜお前たちは帰らないのか」と。「そもそもお前たちは原発が立地した後から来た、つまりよそから来た人間じゃないか。もともと土地の人ではないから、故郷なんてどうでもいいんだろう」と。

ここでは「お前たちは故郷を愛していない」ということでunという接頭辞を付ける。しかしグローバル化する社会では、被災地に限らず、いくつもの土地を移動する人が増えてくる。かれらは必ずしも「元あるところ」に帰るわけではない。したがってさまざまなかたちの故郷があり得る。国についても、これと同様のことが言えるだろう。

unという接頭辞を付けてラベリングし、自分たちと他者との間に線を引く。こうした動きはネオリベラリズムの社会においてますます強まっているが、境界線はいつでも引き直すことができる。競争が激化し、自己責任が強く求められるようになるにつれて境界線は引き直され、これによって容易に「俺ら」が「奴ら」になり、逆に「奴ら」が「俺ら」になる。要するに、「奴ら」と「俺ら」の互換性が高まる。

今日排除していた他者が、明日は自分になるかもしれない。ネオリベラリズムの社会で他者を排除するということは、結局のところ自分を守らないということを意味する。他者を守れない者は自分も守れない。公敵としてラベリングし、排除したことが自分たちのところに跳ね返ってくる。まるでブーメランようなものとしてある、この守る・守らない関係については真剣に検討する必要がある。

†コ・プレゼンスからの出発

無理解と憎しみ、諍いからは何も生まれてこない。他者を守れない者は自分も守れない。このことを踏まえた上で、都市共生について具体的にどう考えていけばよいのだろうか。

ここで少し原理的な話をしてみよう。他者を守らないということは、他者からも守られない。別の言い方をすると、他者を守れば自分も他者によって守られる。いまこのことについて突き詰めて考えることはしないが、それでも守り守られる関係、つまりコ・プレゼンスに立ち返って検討する必要はあるだろう。

コ・プレゼンスとは共生の原義であり、鷲田清一はこれを「『聴く』ことの力」という言葉で説明している（鷲田 二〇一五）。鷲田にとって、居合わせるとは、他者のいるその場所に何の条件もなしに存在するということである。そこに苦しむ人がいるという、ただそれだけの理由で他者のもとにいる。鷲田によれば、居合わせるとはとにかく無条件に存立することである。無条件に傍らにいる、隣にいる、寄り添うことがコ・プレゼンスなのである。

社会学者の似田貝香門《にたがいかもん》は、鷲田のこうしたとらえ方にたいして、議論の本質は理解できるが、やや規範的な議論になっていると批判している（似田貝 二〇〇八：四）。似田貝は阪神淡路大震災以降、一貫してボランティア活動にかかわっており、その現場で鷲田の言うコ・プレゼンスについて思考を巡らせている。似田貝はコ・プレゼンスを「共同出現」という言葉に置き換えている。ここでかれの主張するところを少し引用してみよう。

「苦しみに偶然に〈出会う〉人間が、この「苦しみ」と〈居合わせる〉ことにより、受難＝受動の様相に置かれ、ここから提起されたテーマや課題に対し、否応なく立ち上がる〈共に―ある〉という〈共同出現〉的な主体、すなわち〈われわれ〉という〈主体の複数性〉の形成の可能性を考えたく思う。」（似田貝 二〇〇八：四〜五。ただし、引用にあたって原語表記を割愛）

ここでは明らかにアーレントの複数性の概念が下敷きになっている。では、鷲田の議論と似田貝の議論はどこが違うのか。社会学の立場からすると、似田貝はコ・プレゼンスを実践的な文脈で用いている。つまりやや静的である鷲田の議論をより動的なものに組み替えて展開している。

いずれにせよ、都市共生のための始原的な認識を確立するには、いま一度コ・プレゼンスの次元に立ち返って議論を展開していく必要がある。たしかに現実の都市をみていると、共生がもはや絵空事と化し、語るのも気恥ずかしい思いにとらわれるが、それでもなお将来社会を何らかの形で展望しようとするなら言及せざるを得ない。なお、コ・プレゼンスについては、本書第七章で具体的な事例に即して再論する。

ところで本書では、共生のあり方をコミュニティの次元で検討する。なぜコミュニティなのか。今日、境界の揺らぎとともにナショナル・シティズンシップの苦境が明らかになるなかで、人びとの間で共有される公共性を前提としてコミュニティを語ることはリアリティがないかもしれないし、場合によってはリスクを伴うかもしれない。しかしコミュニティを問うことを避けて通ることはできない。

先ほども述べたように人びとの間では諍いや不和が絶えないが、どのような状況であれ、人間が生きていくためには「生活の共同（シェア）」が欠かせない。そして「生活の共同」が存在する限り、コミュニティのあり方を問うことは避けられない。たしかに旧来の枠組みでコミュニティを語ることは非現実的かもしれないが、それでも語らざるを得ない。

このように「生活の共同」がみられる限り、コミュニティについて議論しなければならないが、その基底をなす「生活の共同」自体、グローバリゼーションの波に呑み込まれている。そしてグローバリゼーションの進展とともに、デジタル・コミュニケーションとそれに伴う新たな経験様式が目立つようになっている。

そうしたなかで特に注目されるのは、従来の物理的な移動に代わり、新たな移動が生まれていることである。それは非線形的な流動としてあり、デイヴィッド・ハーヴェイのいう「時間と空間の圧縮」を伴いながら立ちあらわれている。これについては否定的な見方をする人もいるが、デジタル・コミュニケーション自体にひそむ外に開かれた性格は一概に看過すべきではないだろう。いずれにせよ、グローバルなデジタル・コミュニケーションのなかでのコミュニティのあり方、さらには外に開かれた「生活の共同」のあり方について考えることは、いまや喫緊の課題となっている。

ただ気になるのは、近年、コミュニティが内に閉じられた共同体主義的な議論と響き合いながら打ち出されてきていることである。ネオリベラリズムにもとづく議論・政策が共同体を否定しながらそれを取り込むという動きが目立っている。それ自体、ネオリベラリズムのジレンマを示しているといえるが、こうした共同体主義にまみれた「生活の共同」

にたいして、そうではない「生活の共同」のありようも考えていかねばならない。ともあれ、いまこそコミュニティの次元で共生を語ることが必要だと思われる。

†移動のあり方が変える共生のかたち

序章の終わりに、移動の問題にひとこと触れておきたい。デジタル・コミュニケーション、デジタル・コネクティビティに関連して共生のあり方を論じようとするなら、移動のあり方を論じないわけにはいかない。若い世代ほどこのことに敏感になっているのではないだろうか。

これまで都市は公共交通手段も含めて車中心の社会であったが、今後はそういったものへの依存が弱まるのではないだろうか。この点に関連して、近年、以下のようなことが指摘されている。「カー・フリー」シティが増えていけば、人びとの働き方も変わってくる。たとえば銀行ではAI化が進み、シンギュラリティに直面して、人びとの働き方が大きく変わらざるを得なくなる。いままでのように全員が朝九時に出社し、遅くまで仕事をするというのではなく、時差出勤やテレワークなどが大幅に導入されるようになる。そうなると移動のあり方が変化し、ますますワークシェアが進んでいくだろう。

考えてみれば、東京は朝の通勤時間帯に何百万人もの人を郊外から中心に運んでいる。

しかしこれまでのような形で郊外が広がり、都市が膨張するということはもはやあり得ないだろう。日本はフランスやベルギーなどと比べて、都市の「建造環境」のあり方がまったく異なっている。パリやブリュッセルでは郊外が成長から取り残されてまるで「野蛮な飛び地・荒野」のようになっている。日本の場合はむしろ成長が壁にぶつかって「限界郊外」化するところが増えている。それとともに豊かな人たちが中心都市に戻り、そこがより高密化・高層化している。こうして都市自体が高度に流動的な社会になり、そうした社会が今後いっそう進むと予想される。だから、そういった都市の現状や将来を見据え、共生について考えていかねばならない。

その際、先に言及した「カー・フリー」シティの進展と相まって、若い人の間で、車の免許を取らない人、さらに中高年世代を中心にして免許を返納する人が増えていることがあらためて注目される。というのも、そうした中で一人一台ではなく、臨機応変に複数の人を運ぶことのできるカーシステムが必要になってくるし、そこから必然的にポストカー社会における共生のあり方が模索されるようになるからである。

いずれにせよ、これまで見てきたように、社会においてさまざまな隙間が生じており、なおかつそれらが膨らんでいる。さらに、社会自体がきわめて流動的になり、移動性向が高まっている。いまそうした隙間を少しでも埋め、かつ移動性向に対応する方法を社会全体として考えていくことが避けられなくなっている。日本全体が脱成長の段階に入りつつある状況を見据えながら、当面、都市に「共生する社会」をどう埋め込むのかが、問われているように思われる。

イリイチ『コンヴィヴィアリティのための道具』の原著（1973年刊）

第一章

生きられる共同性——イリイチの「共生」概念

1　産業主義的生産様式のメカニズム

†グローバリゼーションによる共同性へのインパクト

わが国ではとりわけ東日本大震災以降、コミュニティについて活発に議論されるようになっている。実際、東日本大震災では「絆」という言葉がキーワードとなり、必然的にコミュニティへの期待が高まることになった。このように社会全体でコミュニティにたいする期待が異常に高まっていく状況を、私はコミュニティ・インフレーションと呼んでいるが、これはコミュニティにたいする幻想が広がっていることの表れでもある。

いまこそ、コミュニティの実態について解明すべきではないだろうか。コミュニティの基礎にあるのは人びとの「生活の共同」の枠組みであり、そこから立ち上がる共同性について抽象的・一般的に議論するのではなく、モダニティ（近代性）とのかかわりで具体的に考えていく必要がある。かなり原理的な検討になるが、本章ではイヴァン・イリイチ（図1-1）の『コンヴィヴィアリティのための道具』を繙き、かれの言うコンヴィヴィアリティ（共生）に関する議論を見ていく（イリイチ 二〇一五）。ここには「生きられる共同性」の最も端緒的（原始的）な認識が見られる。

図1-1　イヴァン・イリイチ

まずモダニティに照準を合わせて共同性を考察するが、その前にグローバリゼーションのローカリティにたいするインパクトについて押さえておかねばならない。グローバリゼーションはボーダーレスなヒト、モノ、コト、カネのフロー（流動）をもたらし、なおかつ国民国家の変容と大規模なモビリティ（移動）を伴うが、ここにはローカルなものの基底にある共同性のありよう・あり方にかかわる重要な争点が含まれている。

この共同性に関連して、グローバリゼーションもしくはモビリティ（移動）はどのような意味を持つのであろうか。これについて伊豫谷登士翁は次のように述べている。

「共同性を共有する人びとの集団があり、移動した人びとは、その共同性を抱き続ける、あるいは新しい故郷を創りあげる。古里への帰郷、戻れぬ故郷といった物語である。しかし実際は、戻るべき場所への帰郷という物語は、しばしば幻想であった。……移動こそが共同性を生み出し、戻るべき場所を創り出したのである。移民は、成功したがゆえに戻らず、失敗したがゆえに戻れない。そしていま、移動する人びとを戻るべき場所と結びつけてきた共同性という神話が崩壊してきている。」（伊豫谷 二〇一四：一五）

伊豫谷はここで「共同性を共有する人びとの集団」というターム（言葉）を用いているが、これについてブラウンは、「境界の明確なアイデンティティとメンバーシップ、閉鎖性を有する諸規則、仮想的な永続性を有している……完全に共同性のある集団」、「共同性を有する人びとの集団」と述べている（Brown 1974: 32）。つまり共同性はこれまである種の領域的なもの（領域性）に裏打ちされた定住を前提として議論されてきたが、そのような共同性は移動とともに大きく崩れつつあると考えられているのである。

これに関連して、ジョン・アーリは「社会を超える社会」という言葉を用いている（アーリ 二〇〇六）。国民国家によって枠づけられた「社会」が「社会を超える社会」になると、従来の共同性は曖昧模糊なものになっていくという。ここではむしろ、移動と背中合わせで存在する共同性が求められているように思われる。

†自然のリズムに還元されない共同性

モダニティと関連させて共同性について考察していく場合、グローバリゼーションの底流をなしているネオリベラリズムの影響についても考えていかねばならない。ネオリベラリズムの下で生じている共同性の変容は無視できないが、それについて考察する前にひとつ確認しておくべきことがある。共同性の議論ではモダニティを前提としているが、モダニティによる成長のもとで共同性はどのようなあり方を示しているのであろうか。それについて述べておく必要がある。ここで共同性についてとりあえず次のように定義をしておこう。

「すぐれて人間の『生』の営みにおけるもの、すなわち、『住まうこと』に根ざして、共同生活においてあらわれる共通の課題を地位とか身分などに関係なく共同で処理するところから派生し、自然のリズムやヴァナキュラーなものに必ずしも還元されないもの」(吉原 二〇〇〇:二四六)

まず「すぐれて人間の『生』の営みにおける共同性」であるが、ここでいう「生の営み」は「住まうこと」と密接にかかわってくる。「住まうこと」に伴って、地位とか身分などを越えて生じる、生活上の争点《イッシュー》に共通に向き合う。もちろん人びとの共同生活において地位・身分は無視できない影響を及ぼすが、それらに全面的に解消してしまうことができない共通の課題・争点が存在し、それらに向き合うなかで立ち現れてくるものがある。まさにそういう意味で、「住まうこと」はそこからすべてが始まる基本的なこととしてある。

共同性はたしかに自然のリズムやヴァナキュラーなものに還元されていくような側面もあるが、必ずしもそういったものに還元されていかない側面もある。イリイチのいう「生きられる共同性」は、後者の側面が鍵になるのではないだろうか。たとえば、清水盛光はかつて「土地の共同」について言及し、とりわけ稲作社会・農耕社会においてこの「土地の共同」が鍵になると主張した（清水 一九七一）。しかしここでいう共同性は必ずしもそういった「土地の共同」に回収されず、異なる者同士の相互性・非同一性にもとづくものである。それは「生きられる共同性」のひとつのメルクマールとなるものであり、自然のリズムやヴァナキュラーなものに必ずしも還元されない。共同性はモダニティの下でうつろい、揺らいでいる。その「かたち」を捉え、抽出することがここでの課題である。

†産業主義的生産様式

われわれがモダニティについて具体的に検証していく場合、これまでそれとともに語られてきた成長をどう捉えるかが重要な鍵となる。イリイチはこれを産業主義的生産という言葉と関連させ、次のように述べている。

「大量生産の限度なき成長が……社会の成員が固有の能力を自由に行使することをできなくさせ、人々をたがいに切り離して人工的な殻に閉じこめ、極端な社会の分極化と分裂的な専門化を促進することで、共同体の組織を掘り崩す」(イリイチ 二〇一五:一五)

では、イリイチはこの産業主義的生産という概念を具体的にどう展開しているのであろうか。かれは次のように述べている。まず「成長熱にうかされた社会では……より多くのものを投入することが価値あること」とされる。したがって「昂進する生産と増大する需要」が至上のものとなり、「標準的な製品や規格性や公けに保証された品質」に過大な関心が向けられることになる。しかも政治制度自体、「生産高という目標との共謀関係に人々をおしこめる徴募機構となっている」という（イリイチ 二〇一五：三五、三七〜四二、六七、八七）。

産業主義的生産においては、技術・文化の問題も検討していかねばならない。高度技術は「物質的・心理的・社会的な過程に対する力まかせの介入」であり、それはエルンスト・フリードリッヒ・シューマッハーが言うところの中間技術ではない。また、高度な文化は「あたうかぎり最大量のエネルギーを使用する文化」であるという（イリイチ 二〇一五：六九）。ちなみに、高度な技術について、イリイチは次のように述べている。

「科学は哲学から専門分化してきたものであるのに、操作をますます分化していくことの理論的根拠になっている。労働の分化は最終的に道具の労働節約的な分化をもたらした。新しい技術はいまでは商品供給の隘路をひろげるのに用いられている。公益事業は人々のための便宜から、高価な道具の所有者のための活動舞台に変ってしまった。科学技術は産業主義的生産様式をたえず支えるために用いられて〔いる〕」（イリイチ 二〇一五：八三〜四、〔 〕内は引用者）。

こう述べて、さらにイリイチは、教育についても次のように言及している。「教育は、科学という魔術によってつくりだされた環境に適応する新しいタイプの人間を生みだす錬金術的過程の探求となった」。その結果「私たちの想像力は、大規模生産の論理に適合した工学的に体系化された社会的習慣の型に、あてはまるもののみを頭に思い浮べる」ようになり、つまるところ「産業化をさらに持続させるいくつかのイデオロギーのひとつに、心のよりどころを見出し……自分がつながれている進歩の幻想を、是が非でもあと押ししなければならないような気になっている」。このようにして、「人間の役割はますます単なる消費者の役割におしさげられていく」という（イリイチ 二〇一五：三八～四七、五五、一〇五）。

†産業主義的な道具

このようにモダニティの下で産業主義的生産が進むが、イリイチはその要をなすものとして産業主義的な道具という概念を提示し、次のように述べている。産業主義的な道具とは「合理的に考案された工夫すべてを、ひとつのカテゴリーに包摂することができる」ものの・ツールであり、これは「それ自身の歴史と文化をもつ都市の風景に均一化の刻印をおす」とともに「人間にたいする操作」を強める。それぞれの都市は固有の歴史・文化を持つが、産業主義的な道具はこれを均一化し、人間をコントロールする。こうして「ハイウェイ、病院の建物、校舎、事務所のビル、アパート、商店はどこでもおなじ外観をとる」という(イリイチ 二〇一五：四八〜五九、一一〇)。たとえば日本でいうと、新幹線の駅前、国道沿いなどはすべて均一的な風景で、チェーン展開している量販店や飲食店が立ち並ぶというわけである。

その一方でイリイチは、「人間にたいする操作」は教育的、医療的、行政的な療法《セラピー》のかたちをとるとして、「教育が競走しあう消費者を生みだし、医療は消費者が要求するようになった工学化された環境のなかで彼らを生かし続ける」、そして「官僚制は、人々に無意味な仕事をさせるために社会的に管理することの表れである」と述べる(イリイチ 二〇一五：一一〇)。

そしてこうした都市風景の均一化、人間にたいする操作は、「管理の集権化」と「統制・依存・収奪・不能の増大」をもたらし、自らが生み出した産出物を「単位量のかたちで送出す」という。イリイチによると、人間はもともと想像力を持っているが、産業主義的な道具は「(多くの人びとにたいして)おのれの想像力の結果として環境をゆたかなものにする最大の機会を与える……可能性」を喪失させる、すなわち想像力を発揮する機会・可能性を喪失させる、さらに「極端な社会の分極化」をもたらす。その結果、「持てるものがより多くを受けとり、持たざるものは現に持っているわずかなものさえ巻きあげられる」。そして多かれ少なかれ、人びとから「自立共生《コンヴィヴィアリティ》」を奪わずにはおかないという(イリイチ 二〇一五:一五、二五、五八、五九、六九、九八〜一〇一)。

†「機械化の様式」

さらにイリイチは、産業主義的な道具の存在を制度・政治が容認・放置していることが「私たちの時代の不公正の主な源」となっていると述べている。「生産至上的な社会」において「単位化された量のかたちをとる……エネルギー」を費消し、均一化の作用と人間に対する操作が広がっていくのである(イリイチ 二〇一五:五〇、九八〜一〇三)。

ちなみに、イリイチはルイス・マンフォードの「機械化の様式」に倣い、これを原型として産業主義的生産様式という概念を提示している。マンフォードによると、「機械化の様式」は産業革命の数世紀前に立ち現れ、産業主義的生産様式に引き継がれている。マンフォードは『権力のペンタゴン——機械の神話第二部』で「機械化の様式」という概念を提示しているが、イリイチはこれについて、マンフォードに倣って「道具を産業主義的に、経済を資本主義的に組織するイデオロギー」であると述べている(イリイチ 二〇一五:七七)。同時に、イデオロギーとしての「機械化の様式」の基底にある時間観念に注目しており、それにもとづいて産業主義的生産様式が展開されたと指摘している。

2　モダンの時間、空間と「生きられる共同性」

†モダンの時間と空間

それでは、イリイチが「機械化の様式」から産業主義的生産様式に至る過程においてみる特有の時間とはどのようなものであろうか。かれはやはりマンフォードに依拠し、その時間について次のように述べている。

「ヨーロッパはベーコン主義的な前提にもとづいて、時間を節約し、空間を縮小し、動力を増大させ、商品をふやし、固有の規範を撤廃し、生身の身体的器官を、それをかりたて、それが遂行する単一の機能のみを拡大する機械に置き換えはじめた。こういった強制的過程はすべて、現代社会において技術としての科学の土台となっている……。精神に関する同様な変化もまた、時間を厳守すること、空間を測定すること、簿記をつけること、そのようにして具体的な事物と複雑な出来ごとを抽象的な量に変換することを強調する、儀式的規則性から機械的規則性への推移というかたちをとって出現する。」

（イリイチ 二〇一五：七七〜八、傍点は引用者）

ここでいうベーコン主義的な前提にもとづく時間と空間はまさに、モダンの時間と空間のプロトタイプである。モダンの時間と空間は基本的には同質的時間（客観的時間）と空間の絶対性にもとづいている。スコット・ラッシュとジョン・アーリによれば、同質的時間とは社会的時間から切り離され、「時間の細分化」、「社会生活のタイムテーブル化と数学化」に根ざす「単線的で同質的で連続的な時間」であり、これはまさにクロック・タイムのことである。

では絶対的空間とは何か。空間というのはもともと非連続的で、そこにはさまざまな実践が投影されており、多様性を豊かに湛えているが、絶対的空間においてはそれが否定されている。ピエール・ブルデューは、絶対的空間とはまさに「幾何学の連続的空間」であると述べており、地理学者でもあるデヴィット・ハーヴェイは「冷徹な合理性」に裏打ちされた「正確な地図」であると述べている（吉原 二〇〇二）。

モダンの時間と空間はイリイチが言うところの産業主義的生産の根底にあるが、これらは「生きられる共同性」を否定してしまっているようにみえる。少なくとも絶対的時間と幾何学の連続的空間が全社会的に広がっていけば、ますます「生きられる共同性」から乖離・疎隔していくように見えるが、果たして本当にそうなのであろうか。

†「生きられる共同性」と「拡がりのある時間」

ここで「生きられる共同性」が成立し得る時間と空間について簡単に概括しておく。「生きられる共同性」とともにある時間は、クロック・タイムのように単数的ではなく、複数的に経過するものであり、エドムント・フッサールが言うところの「内的時間」に近い（フッサール 二〇一六）。この「内的時間」は、過去・現在・未来の区分が中心となるような年代記的（クロノロジカル）なテーマ設定からは出てこない。過去は現在によって自由に出し入れが可能となる、いわば「引き出し」のようなものとしてあり、未来は現在からのみ想到することができる。

大森荘蔵も、これとほぼ似たようなことを言っている（大森 一九九四）。大森によると、過去も未来も現在から見たものであり、これらはさまざまに変化していくものであり、継起的に起こるものではない。ちなみに、フッサールの「内的時間」は、現在が人びとの「生きられた記憶」としてある限りで存立し得る。野家啓一はこれについて「垂直に積み重なる時間」という言葉を充てている（野家 一九九六）。これはメトロノームの報復運動や時計の針の回転運動のように矢印によって示されるような「水平に流れ去る時間」ではなく、私たちの記憶の裡に蓄積している時間である。それは広井良典が言う「根源的な時間」、すなわち「めまぐるしく変化していく日常の時間の底に」ある「ゆっくりと流れる層」として存在する時間でもある（広井 二〇〇一）。広井はこれを『市場／経済』の時間とは別の流れ方をする時間……『共同体（コミュニティ）の時間』」と捉えている（広井 二〇〇一：一五六～八）。

こうしてみると、フッサールの「内的時間」、野家の「垂直に積み重なる時間」、広井の「根源的な時間」はいずれも「生きられる共同性」に内在する感覚的・質的に生きる身体と結びついた「拡がりのある時間」であると捉えてよいであろう。まさに生活世界を主体的に生き抜く人びとの、いわば相互作用としての時間こそが「生きられる共同性」とともにある時間であると言えるのである（吉原 二〇一一）。

†「生きられる共同性」と関係性にもとづく空間

それでは、いま述べた「拡がりのある時間」と共振するようなかたちで現れる「生きられる共同性」が内包する空間とは、いったいどのようなものなのだろうか。先ほど絶対的空間について「幾何学の連続的空間」と述べたが、これはそうした領域的に仕切られたものではない。そうではなくむしろ脱領域的な「人と人との関係」、より単純化していえば、つながりがメルクマールとなるような関係性にもとづく空間である。

アーヴィング・ゴッフマンはこうした空間について、awayという言葉を用いて説明している（ゴッフマン 一九八〇）。たしかに物理的に見た場合、領域的に囲われたところにはひとつの空間しかないが、そのなかで人びとは各々さまざまな生き方をしている。たとえば、ある教員が午後一時から二時半まである教室で授業をしたとしよう。その場合、学生たちはそこで継起的な時間と物的な空間を共有することになるが、かれらは授業を受けながら別の時間を生きている可能性がある。そこでサークルのことや今日これから会う人のことなどを考えていたとすれば、同じ時間・空間の中にいてもその時間・空間経験は異なり、なおかつ揺らいでいる。このような場合、関係性にもとづく空間、あるいは空間が根ざす関係性を想定することができよう。

ここで視点を変えて日本の中世に目を向けると、そこには関係性にもとづく空間が存在していたと考えられる。たとえば、松岡心平は『宴の身体』で、連歌の場は中世の集団形成のひとつの範型であると述べている（松岡 一九九一）。土屋恵一郎はここから、連歌が「物語の統一性を逸脱して、モザイク状の歌の連鎖になる」とし、「異質の声、流れ、伝統の合流点を建設する」ことを発見している（土屋 一九九六：一七〜二三）。

こうした中世の連歌の場・集団の原理は、ある意味で日本の地縁、すなわち、近隣や町内などに通底していると考えられる。このことに関連して、かつて上野千鶴子が地縁は選べない縁であると述べたことが想起されるが（上野 一九八七）、歴史貫通的に見た場合、そうした主張だと異質の声、流れ、伝統の合流点などを担保する地縁のダイナミズムを見失ってしまう恐れがある。地縁はもともと、人間の多様性と経験の開かれた可能性を内包している。近代になってそれが町内会・部落会などに取り込まれるようになるにつれて閉じられたものになっていくが、日本の地縁は本来、異質なものや多様性を内包するメカニズムを持っていたと考えられる。

ちなみに、網野善彦は中世の民衆社会を描くにあたって、「『無縁』の人々」という言葉を用いているが（網野 一九八七）、前掲の土屋は地縁が「家族、身分、階級、といった、人間の出生にかかわる自然の共同性から離れ、無縁の者たちによって作られた人工の共同性」を織りなしていると述べている（土屋 一九九六：二四）。つまりそこでは、異質なものが交わっていたと考えていたようである。オギュスタン・ベルクはこれと同じことを「通態《トラジエ》」という概念を用いて述べている。ベルクによれば、それは環境を媒介として諸個人間で「……を越えて」、「……を横切って」というかたちで築きあげられる関係づけ（相互作用）のことをあらわしている（ベルク 一九八八）。つまり通態は地縁に根ざしているのである。

土屋やベルクは異なった文脈で地縁について述べているが、かれらによると、地縁は決して「内面化された起源」や「内向化された歴史」へと閉じていかない。地縁は本来、開かれたものであるが、近代以降、内向的・閉鎖的なものに変化した。いずれにせよ、歴史貫通的なものと、個々の地域の歴史において現れてくるものとは別物であることを留意しておく必要があるだろう。

3　グローカル化とカタストロフのなかの産業主義的生産様式

†産業主義的生産様式のボーダレス化と国民国家の役割遂行の変化

ともあれ、いま述べたような時間と空間が「生きられる共同性」の基盤をなす。あるいは「生きられる共同性」がそのような時間と空間を内包していると言ってもいい。ところが産業主義的生産様式の進展とともに、「生きられる共同性」が内包するような時間と空間はモダンの時間と空間に呑みこまれていく。産業主義的生産様式や文化が進展していくにつれて、「生きられる共同性」が内包するような時間と空間は社会の後ろに退き、モダンの時間と空間が前面に出てくる。しかしそれでもなお、「生きられる共同性」が内包するような時間と空間が完全になくなったわけではない。

かつて成長は産業主義的生産様式とセットになって見られたが、いまは壁にぶつかり、脱成長が取りざたされるようになっている。それとともに産業主義的生産様式も大きく変化しつつあるが、具体的にどう変わってきているのであろうか。産業主義的生産様式は成長至上主義にもとづいているが、当初は、国民国家が外に向かう成長にたいしてある種の制約要因として作用した。そして産業主義的な道具もっぱら、国内において人びとを操作的に動かすことに照準を当てていた。

ところが、グローバリゼーションは国民国家そのものを揺るがし、産業主義的生産様式を急速にボーダーレス化した。とはいえ、国民国家がことごとく無力化・弱体化したのではなく、むしろ国民国家のありようが変わったと見るべきであろう。近代の国民国家は長い間規制主体であったが、グローバリゼーションは国民国家が行ってきた規制（regulation）を緩和し、産業の民営化（privatization）を推し進めた。つまりグローバリゼーションは近代の国民国家を解体させたのではなく、むしろグローバリゼーションを促すような装置へと変えたのである。またそうした点でグローバリゼーションは国民国家の機能変容をもたらしたといえる。

ちなみに、ジグムント・バウマンはグローバリゼーションの進展とともに、国民国家は

『庭園師《ガーデナー》』から『猟場番人《ゲートキーパー》』へ」と変化したと述べている（バウマン 二〇〇一）。バウマンによれば、国民国家は猟場（市場）を全体的に見通す庭園師の役割を放棄して、猟師（資本）が獲物（利潤）をより獲得しやすい環境にする、猟場番人の役割を担うようになったというのである。当然、そこでは猟場を支えてきたルールや仕組み（つまりナショナルや法や制度）の見直しや組み換えがもとめられることになる。ともあれ、グローバリゼーションによる産業主義的生産様式のボーダーレスな展開が国民国家の役割変容を促していることが明らかにされている。

さて、産業主義的生産様式のボーダーレス化はそうした国民国家の役割変容とともに世界的な経済機能の分散と統合（化）を推し進め、市場化が農村社会にまで及んでいくのを強く促している。そしてモノ・カネ・ヒト・情報のボーダーレスな移動をもたらし、人びとを先に言及したモダンの時間と空間の変容へと誘っている。

†産業主義的生産様式の機能変容

それでは、そういった移動や時間・空間の変容をもたらしている産業主義的生産様式のボーダーレスな展開は、具体的に社会にたいしてどのような影響をもたらしているのであろうか。この点に関して、正村俊之は、世界の相互依存性を広げていくと同時に『世界の不均等発展」を生みだしていると主張しているが（正村 二〇〇九）、そうした不均等発展の一つとしてとりわけ注目されるのは、ローカルな場にさまざまな亀裂が生じていることである。それがこんにち最も俊敏な形であらわれているのが、中山間地域のみならず、多くの地方都市や大都市周辺で限界集落とか限界団地などの形でみられる地域の疲弊化の進展である。先に言及した「生きられる共同性」の次元でいうならば、それは伊豫谷がいみじくもいうように「〔ローカルな場で〕人々は急速に生存維持手段を失ってきた」ことと深く関連している（伊豫谷 二〇一三）。

ところでこの地域の疲弊化については、このところ縮小社会の文脈と重ね合わせて論じられることが多くなっている。その場合、大きくは二つの立場・論調がある。ひとつは、サイズにかかわらせて論じるもの、つまり拡大にたいするダウンサイズの意味合いで論じるものである。この立場は、基本的に産業主義的生産様式、つまり成長や拡大の存続を前提としている。

もうひとつの立場は、地域の疲弊化が産業主義的生産様式が臨界局面に達するとともに立ちあらわれていると見なすものである。つまりサイズにかかわらず産業主義的生産様式が壁にぶつかり、成長が限界に達しているという認識から出てきている。

前者は社会をサイズとして捉えるため、どうしても成長や拡大の存続が外せなくなる。

それにたいして後者は社会をサイズとして捉えない。むしろ成長や拡大が限界に達していると考える。つまり後者は、地域の疲弊化を脱成長《デクロワサン》の文脈で捉え返すのである。

このように整理してみると、両者は一見遠いようにみえるが、実は近い議論をしていることがわかる。産業主義的生産様式のどこをみるのか、あるいは産業主義的生産様式の特徴をどのように捉えるのかによって、いま挙げた二つの立場に分岐しているように思われる。そう考えると、あらためてグローバリゼーションが産業主義的生産様式を構造的に引き継ぎながらも、機能的（functional）に大きく変容させているということをしっかりと踏まえるべきであろう。

†臨界局面における産業主義的生産様式――脱成長へ

それでは後者（脱成長）の立場から「産業主義的生産様式が壁にぶつかっている」と言う場合、それは具体的にどのような状況としてあるのだろうか。この点に関連して、セルジュ・ラトゥーシュは、成長・発展がピークに達し、それらが内包しない価値・要素が反転して至上のものとなるような構造的転換を遂げている社会を念頭に置きながら、「軌道の外れた成長」、つまり「エコロジカル・フットプリントの持続可能な水準を超えた経済成長」について言及している。そしてイリイチの議論に立ち返って、それは「過剰消費のことであり、万人の『妥当な』ニーズの充足を可能にすると考えられる水準を超えた生産水準」のことであると述べている。さらに、そういうかたちで現れる臨海局面は「生産力至上主義がもたらすカタストロフ」を示すものであり、それと同時に脱成長《デクロワサン》の社会の到来を告げるものであるとしている（ラトゥーシュ 二〇一三）。

ラトゥーシュはイリイチの著作に依拠しながら、脱成長の社会を以下のような生活様式にもとづいて構築される社会であると言明している。

「人々が市場に対する依存を縮小することに成功し、専門的な欲求製造者によって数量化されていない／数量化されることが不可能な使用価値の創造に、技術と道具が優先的に役立てられるような社会的基盤を、政治的手段を通じて保護することでたどり着くところの脱産業経済における生活様式」（ラトゥーシュ 二〇一〇：一二）。

ここでイリイチが提唱する生活様式は、ひと言でいうと、グローバリゼーションによる「世界の均質化」（広井良典）がローカリティを深く包み込みながら、その一方で異なる者同士の相互性・非同一性を通してその内部から立ち現れてくるものである。

いずれにせよ、こうしてみると、成長がグローバリゼーションの進展とともに臨界局面に達し、まさにその臨界局面において脱成長へと〈反転〉する行程《トラジェ》を読み取る必要がある。そのこと自体、近代の両義性を示しているが、以下、このことを先に言及したモダンの時間と空間の「ゆらぎ」に立ち返ってもう少し検討してみよう。

4 「生きられる共同性」の脱埋め込みと再埋め込み

†「生きられる共同性」からの乖離と疑似的な取り込み

産業主義的生産＝成長の臨界局面において、モダンの時間と空間がピークに達するが、それと同時にもう一つの時間と空間が立ちあらわれる。この〈反転〉のメカニズム・行程についてここで少し考えてみたい。

産業主義的生産様式に埋め込まれたモダンの時間と空間、つまり「絶対的時間」と「幾何学の連続的空間」は産業主義的生産様式の進展とともに極限にまで達した。そして近代国民国家は、そうした産業主義的生産様式の進展と手を携えて前に向けて無限に、しかもまっすぐ伸びていく成長、発展とともに無数の諸個人をそうした成長、発展に集列化することを促進し、「絶対的時間」と「幾何学の連続的空間」をある種の臨界局面にまで押し上げた。そうした近代の国民国家の運動は明らかに「生きられる共同性」の構成要件である「拡がりのある時間」と「差異に充ち溢れた関係性にもとづく空間」を社会の後ろに追いやった。ところがこの過程は「生きられる共同性」から乖離しながら、それを疑似的に取り込むという、かなり錯綜したかたちで進展している。

それは日本においてモダニティのメカニズムの下でコミュニティとして語られてきたものに引き寄せていうと、おおむね次のように言える。

「生きられる共同性」の裡に、いわば公私未分化の状態で埋め込まれていたセーフティネット機能は、公と私の分化という形で〈外部化〉された。具体的には町内会の制度化を通して国家が「生きられる共同性」を囲い込むとともに、家族にそうしたものの一部が委譲されるというかたちで進展した。他方、システムとしての会社、いわゆる「カイシャ」が社会の前面に立ちあらわれ、「カイシャ」による家族の抱え込みが大々的に進んだ。その結果、「カイシャ」は終身雇用の下で社員のみならず、「夫は外、妻は内」という性別役割分業で固定化された家族（核家族／近代家族）の生活保障を担い、上から疑似的に取り込まれた「生きられる共同性」に代わってセーフティネットの役割を果たすという「インフォーマルな社会保障」（広井良典）として機能した（吉原 二〇一一：三五〇〜五一）。

このように日本では公私が未分化であり、「公助」が未発達な状態において、「カイシャ」とそれに従属する家族を担い手とする「インフォーマルな社会保障」が人びとのセーフティネットの役割を果たした。ここで近代国民国家は従来の「拡がりのある時間」と「差異に充ち溢れた関係性にもとづく空間」を否定したのではなく、ある意味で疑似的に取り込んでおり、それはひとつの完結した姿を示した。ともあれ「拡がりのある時間」と「差異に充ち溢れた関係性にもとづく空間」を疑似的に取り込んだことにより、「絶対的時間」と「幾何学の連続的空間」はより透徹したかたちで存続することになったのである。

†「時間と空間の圧縮」――〈脱埋め込み〉と〈再埋め込み〉のプロセス

しかしながらグローバリゼーションの進展により、そのひとつの帰結である脱成長社会が出現すると、いま述べたような情景が大きくゆらぐようになる。それとともに立ちあらわれてくるのが、デヴィット・ハーヴェイの言う「時間と空間の圧縮」である。ハーヴェイはこれを「世界がわれわれに向かって内側へと崩れかかってくるようにみえるほど空間的障壁を克服しながら、生活のペースを加速化すること」として捉えている（ハーヴェイ一九九九：三〇八）。ちなみに、それはハーヴェイが「フレキシブルな蓄積」と呼ぶような、以下のようなポストフォーディズム的生産によってもたらされている。

「それは労働過程、労働市場、生産物、消費様式に関連するフレキシビリティに基づいている。その特徴は、まったく新しい生産部門、金融サービスの新しい供給様式、新しい市場の出現であり、そしてとりわけ、大きく進展した商業的、技術的、組織的革新である。これは、部門間や地理上の地域間における不均等発展のパターンに急速な変化をもたらし、たとえば、これまでの低開発地域（新興工業国における無数の活動はいうまでもなく、『第三のイタリア』、フランドル地方、幾多のシリコン・バレーのような地域）でまったく新しい産業のアンサンブルを生みだしただけでなく、いわゆる『サービス部門』の雇用を激増させているのである。」（ハーヴェイ 一九九九：一九九）

グローバリゼーションの進展とともに、ボーダーレスなヒト・モノ・コト・カネ・情報のフローが生じ「時間と空間の圧縮」がもたらされる。それによりローランド・ロバートソンが言う「世界の縮小」が進む（ロバートソン 一九九七）。このような「時間と空間の圧縮」、「世界の縮小」はまぎれもなく「絶対的時間」と「幾何学の連続的空間」の極限の形態を示すものである。

ここでアンソニー・ギデンズのいう〈脱埋め込み〉の議論とそこから派生する〈再埋め込み〉の議論を援用すると（ギデンズ 一九九三）、ほぼ次のように言える。つまり、みてきたような「絶対的時間」と「幾何学の連続的空間」が極限状態＝臨界局面に至るなかで、「拡がりのある時間」と「差異に充ち溢れた関係性にもとづく空間」は成長の文脈から切り離されて時空間の限りない広がりの中に置かれるようになる、すなわち〈脱埋め込み〉されるようになる。その一方で、脱成長の地層に組み込まれる、すなわち〈再埋め込み〉されるようになる。ともあれ、こうしてモダニティの両義性にたいする認識が得られるようになるのである。

5 「創発的なもの」と節合のメカニズム

†モダニティの両義性——「生きられる共同性」の通時態と共時態

すでにみたように、グローバリゼーションによって「時間と空間の圧縮」が見られ、世界の縮小化が進んだ。このことによって時空間が特定の脈絡から切り離され、終わりのない広がりの中に置かれるようになった。まさに〈脱埋め込み〉の進展がみられるようになったのである。同時に、ボーダーレスなヒト・モノ・コト・カネのフローが社会全体を広く包み込み、アルジュン・アパデュライのいう「複合的で重層的、かつ乖離的な秩序」をもたらしている（アパデュライ 二〇〇四）。そして脱成長の位相で「拡がりのある時間」と「差異に充ち溢れた関係性にもとづく空間」を押し上げ「再埋め込み」し、「生きられる共同性」が社会の前面に立ちあらわれるのを促している。

ちなみに、真木悠介はこうした〈脱埋め込み〉と〈再埋め込み〉の過程を「共通の計量化された時間」と「均一的で標準化された空間」のより一層の展開の只中から現れたものであるとしている（真木 二〇〇三）。真木はここでモダニティの両義性（パラドックス）にたいして熱いまなざしを向けているが、モダニティはもともと平衡に向かうものと平衡からおよそ遠いものから成り、ある種のダイナミズムを宿している。そして他ならぬこのダイナミズムが、既述した〈脱埋め込み〉と〈再埋め込み〉の過程を貫いていると考えられる。

†「創発的なもの」

それでは、そうしたダイナミズムの下で、「生きられる共同性」はどのようにして脱成長の地層に〈再埋め込み〉されるのであろうか。ここでそれを解く鍵になるのが「創発的なもの」（the emergent）と「節合」（articulation）という概念である。すでに述べたように「生きられる共同性」の原型は中世にまで遡って検証することができ、それが歴史貫通的なものとして人びとの生活の基底をなしてきた。それはわれわれの将来においても何らかのかたちで存在し、社会の表層に現れる場合にはさまざまなかたちをとるであろう。そこに底在する、人間の多様性と経験の開かれた可能性を内包する「人と人との関係」は今後も、社会の基層に引き継がれていくであろう。

この「人と人との関係」は市場のしくみがすみずみまで行き渡っている社会に一方的に回収されるものではなく、また伝統的な共同体的なものに回帰していくものでもない。先の土屋恵一郎はそこに立ちあらわれる「創発的なもの」について「異質な声、流れ、伝統の合流点」であると述べている。では「創発的なもの」として言及される状況はどのようなものであろうか。ここではとりあえず次のように考える。

「それ（『創発的なもの』として言及される状況）は、複数の主体（変化をもたらす行為主体《エージェント》）が相互作用を介して行為することで、個々の行為を越えて新たな集合的特性／質的に新しい関係が生み出されることである。ここで着目しなければならないのは、上述の相互作用によってさまざまなつながりが交互に並び合い、交わり合い、結び合い、そして影響し合って、『予測のつかない突然の変化』（アーリ）が起こることであるが、その場合、重要なのは、変化にたいして構成諸主体が能動的に対応し、より高次の特性を生み出す（＝創発する）という点である。つまり、『創発的なもの』とは、諸主体間の交流としてある相互作用が新たな変化をもたらし、そうした変化が累積されることで人びとのつながりとか関係が変わり、システム自体の構造が変わっていくプロセスに主軸が置かれているのである。」（吉原 二〇一一：三五九〜六〇）

ここで鍵となるのは、モーリス・ブランショが『明かしえぬ共同体』の中で言及している「内在に還ることなく、『外』に向って開かれる」相互作用であり（ブランショ 二〇〇六：一八五）、土屋が「分離されたままに、相互に関係をもつ」、「隣り合っている者たちへとも開かれている」、そして「自分に閉じこもることなく、しかし、また全体に融合することもない」とする共同性である（土屋 一九九六：五五）。

†「節合」のメカニズム

ところでこうした相互作用、共同性によってその特性を把握することができる「創発的なもの」をより実践的な文脈でおさえるのに有効なのが「節合（articulation）」という概念である。これはもともと言語活動・現象を説明するために編み出された概念で、エルネスト・ラクラウは「諸主体がおのおののアイデンティティを変容させながら、諸要素のあいだの関係を打ち立てること、すなわち諸要素を新しい構成へと組み直すこと」と定義している（ラクラウ&ムフ 二〇〇〇）。明らかに、異なるものがぶつかることにより、そこに何らかの活動（activity）やつながり（connectivity）が出てくる点に照準があてられている。要するに、「節合」とは諸主体の「自由な越境」に伴う、諸主体間の多元的で相互的なつながりを横に広がるインターフェイス上で示すものである。

なお、「節合」に近似した概念として「内発的発展」という概念があるが、これは基本的にはシステムの維持のための統合とそれとむすびついた領域内でのオートノミー（自立）を基軸に据えている。それにたいして「節合」は複層性、無秩序、あるいは不均衡に重点をおいており、だからこそ「創発的なもの」の基層を形成することになるのである。諸主体が揺らぎながらより高次の「生のコラージュ」へと発展していくことを可能にする創発のメカニズムは、「節合」をメディアとして成立している。

†モダニティの両義性

脱成長の時代を迎えようとしているいまが、語られるべき共同性とはいったいどのようなものであろうか。グローバリゼーションの進展とせめぎあい、移動と複雑にからみ合いながら、いったんは剝奪されたようにみえる「生きられる共同性」をどのようにして再獲得することができるのであろうか。この問いに向き合うことなしに、われわれは前に進むことはできない。

本章ではイリイチの『コンヴィヴィアリティのための道具』をテキストにして、最終的には「創発的なもの」と「節合」という概念を持ち出し、その問いに応えようとした。「生きられる共同性」はモダニティの下で共時態と通時態、歴史貫通的なものと歴史的なものとが複雑に絡み合いながら、二重の層／相をなして存在している。したがって、成長か脱成長かという二分法的な問題設定、あるいは成長から脱成長へという単線的な発展図式の下で「生きられる共同性」を論じることはできない。成長の局面で「生きられる共同性」は社会の後ろに退いたが、社会の基層で見えないかたちで常に存在していたのであり、脱成長の局面で社会の前面に立ちあらわれたのである。

ところで近年、場所に関するコミュニタリアン的な論議が高まっている、たとえば「生きるということは、ローカルに生きるということであり、知るということは、何よりもその人がいる場所について知ることである」というエドワード・ケーシーの場所論議が一定の影響をおよぼしている（ケーシー 二〇〇八）。

だが「生きられる共同性」はこうした場所論議に回収されるものではない。いわば脱成長の戸口で確認され、「創発的なもの」と「節合」の概念によって敷衍される「生きられる共同性」は、そこにすべての事物が何の矛盾もなく収まってしまう共通の場（ローカス）

／箱のようなものではない。それは差異や他者性、不一致や共約不可能なものが押し合い圧し合いしている、非場所的な関係のアンサンブルのようなものとして存在している。

アンリ・ルフェーヴルは『都市革命』の中で「ヘテロピア」という概念を提示している（ルフェーヴル 一九七四）。それはまさに非場所的な関係のアンサンブルといえる。ルフェーヴルは同時に「ヘテロピア」の正反対のものとして「イゾトピー」という概念を提示している。それは資本主義と国家によってその存在が確認され、合理化されている空間秩序のことである。イリイチの言う産業主義的生産様式は「イゾトピー」と対応し、「生きられる共同性」は「ヘテロピア」と対応すると言っていい。

産業主義的生産様式によって社会の後ろに追いやられ、その後脱成長の位相で社会の前面に立ちあらわれる「生きられる共同性」は「拡がりのある時間」と「差異に充ち溢れた関係性にもとづく空間」に根ざしているが、それらに全面的に包摂されているわけではない。都市空間において「生きられる共同性」は、単に隔離や分離ではない多元的な差異の諸形態として立ちあらわれている。たとえばフェミニズムやエコロジー・ムーブメント、アナーキズムなどは従来、都市空間形成を攪乱するものと見なされていたが、そういうものがむしろ自由に立ちあらわれてくる。「生きられる共同性」は、そういう場であると考えてよいだろう。

「生きられる共同性」は「共生」「共同性」の原的内容を考察する時の要になると同時に、モダニティの両義性を表している。次章では都市の多義性、多様性、他者性について考察するが、「生きられる共同性」はそれを確認するための誘導灯のような役割を果たすであろう。いみじくもフェルナン・ブローデルは次のように述べている。

「結局のところ、複数の社会が共存し、良くまたは悪しくたがいに依存し合う。一つのシステムではなく、いくつものシステム、一つのヒエラルヒーではなく、いくつものヒエラルヒー、一つの秩序ではなく、いくつもの秩序、一つの生産様式ではなく、いくつもの生産様式、一つの文化ではなく、いくつもの文化、いくつもの問題意識、いくつもの言語、いくつもの生き方がある。すべてを複数形にしなければならないのである……。」(ブローデル 一九八八:二二五)

第二章

都市をどうみるか──漱石・鷗外・須賀敦子の視座

1　サンドバーグから鷗外・漱石へ

†アメリカの都市へのまなざし──サンドバーグ『シカゴ詩集』

前章ではイリイチの『コンヴィヴィアリティのための道具』を繙きながら、そこで展開されている「生きられる共同性」を産業主義的生産様式とのかかわりで考察した。そうすることによって、共生をめぐる原理的な認識を得ようとしたが、そこで明らかになったのはモダニティの両義性である。本章ではそのことを踏まえた上で、都市の多義性・多様性・他者性についての議論を検討し、都市にたいする認識のあり方・ありようを考察することにしたい。

さて、都市を捉えることはたやすいようでなかなか難しい。都市はさまざまなかたちで存在し、それに応じてさまざまな人びと、たとえばフェステル・ド・クーランジュ、エベネザー・ハワード、ルイス・マンフォード、ル・コルビュジエ、さらに社会科学で言うとカール・マルクスやアダム・スミスなどがさまざまな方向から都市について論じてきた。しかしこれまでのところ都市について誰もが納得するような見解はあらわれていない。たしかに内包的であれ、外延的であれ、これまでおびただしい数の都市認識・把握方法が立ちあらわれては消えていった。しかし未だに誰もが認めるような都市の定義は存在しない。

ところであらためて都市について論じるにあたって、「都市とは何か」といった本質的・超歴史的な規定から出発するのではなく、都市が国家や社会との関係において明確な特徴や形を示すようになる近代に限定することにしたい。ちなみに、マックス・ヴェーバーは中世都市から議論を始め、近代の市民社会との親和関係の中で都市のありようを見ているが、明らかに近代に照準を据えている（ヴェーバー 一九六四）。ヨーロッパにおいて一三世紀以降に勃興する都市を「ヨーロッパの都市にひとしなみにある文化と、多様な地方文化、周辺文化の集約点……いわば文化の有機的な構造体である」とする饗庭孝男の捉え方も、ヴェーバーに近いといえる（饗庭 一九九八：四）。いずれにせよここでは、ヨーロッパでいうと、一三世紀以降、アンリ・ピレンヌがいう「放浪と冒険に生きる存在」から成る「中世都市」（ピレンヌ 一九七〇）を脱して立ち現れた都市、そして日本でいうと、明治以降、本格的に登場した都市が対象となる。

そこでさしあたり都市を近代に限定し、それがどうまなざされてきたのかについて考えてみたい。素材として取り上げるのはいくつかの文学作品である。まず手始めに、カール・サンドバーグ（図2-1）の『シカゴ詩集』を取りあげて、一九二〇年代のアメリカにおける都市へのまなざしを浮かび上がらせてみる（サンドバーグ 一九五七）。この中に収められている「マミー」を読んでみよう。

図2-1　カール・サンドバーグ

「マミーはインディアナの小さな町の柵門《さくもん》に頭をぶつけて、汽車がみんな走っていく方向のどこかにあるロマンスと素敵《すてき》なことを夢みた。

彼女は鋼鉄《こうてつ》の条《すじ》が陽《ひ》にきらめくかなたに機関車の煙が消えていくのを見た、そして朝の郵便で新聞が来たとき、汽車がみんな走っていく遥かなところにシカゴという大都会があることを知った。」（サンドバーグ 一九五七：五二）

中西部の田舎町に住むマミーは突然、シカゴという大都市をまなざすのである。マミーにとって、都市シカゴは、ロマンスと素敵なことと、決して砕けることのない、ほんとうの夢があるところである。マミーは独立記念日に軍楽隊が奏でる古色蒼然たる曲に食傷していた。そしてこのままこの町に沈んでいくのかと思えば居たたまれなくなった。いっそ死のうかと思った。そんなときふとシカゴのことが頭に浮かんだ。「どうせ死ぬつもりなら、シカゴの街《まち》のなかでロマンスをつかむために闘ったほうがましだわ」と。

世紀転換期から一九二〇年代にかけての中西部アメリカにおいて、若者たちは都市をこのように見ていた。また日本でも戦後になると、若者は地方から都会に出ていった。若者たちが抱いていた都市へのまなざしは、ある意味で共通するものがあったのではないだろうか。ちなみに、アメリカでは世紀転換期からセオドア・ドライサーやJ・T・ファレルなどによる都市小説（urban novels）がはなばなしく登場するが、そこでテーマになったのは、多かれ少なかれこうしたマミーのまなざしである。

鷗外の「上からの視点」

都市を見ていく場合、どうまなざし、まなざされているのかを問うことはきわめて重要である。先ほど導入として「マミー」を取り上げたが、近代日本における都市へのまなざしを象徴的にあらわすものとして、以下、森鷗外と夏目漱石を取り上げる。具体的には鷗外の『舞姫』と漱石の『倫敦塔』をテキストとして、かれらが近代に特有の都市構造をどうまなざしていたのかを検討してみたい。一言で言えば、鷗外（図2-2）の都市へのまなざしは「上からの視点」によって、そして漱石の都市へのまなざしは「下からの視点」によって貫かれている。鷗外の「上からの視点」を検討する場合、まず『舞姫』の以下の叙述に注目する必要がある。

図2-2　森鷗外

「余は模糊《もこ》たる功名の念と、検束《けんそく》〔自己抑制〕に慣れたる勉強力〔努力〕とを持ちて、忽ちこの欧羅巴の新大都の中央に立てり。何等の光彩ぞ、我目を射むとするは。何等の色沢ぞ、我心を迷はさむとするは。菩提樹下《ぼだいじゅか》と訳するときは、幽静なる境なるべく思はるれど、この大道髪《かみ》の如きウンテル、デン、リンデンに来て両辺なる石だたみの人道を行く隊々《くみぐみ》の士女を見よ。胸張り肩聳えたる士官の、まだ維廉一世の街《まち》に臨める窓に倚《よ》り玉ふ頃なりければ、様々の色に飾り成したる礼装をなしたる、妍《みめよ》き少女の巴里まねびの粧したる、彼も此も目を驚かさぬはなきに、車道の土瀝青《アスファルト》の上を音もせで走るいろ〳〵の馬車、雲に聳ゆる楼閣の少しとぎれたる処には、晴れたる空に夕立の音を聞かせて漲り落ちる噴井《ふきい》の水、遠く望めばブランデンブルク門を隔てゝ緑樹枝をさし交はしたる中より、半天に浮び出でたる凱旋塔《がいせんとう》の神女の像、この許多の景物目睫《けいぶつもくしょう》の間《かん》〔非常に近い距離〕に聚まりたれば、始めてこゝに来しものゝ応接に遑なきも宜なり〔無理もない〕。」
（森 一九五四：七三、〔 〕内は引用者）

この引用部分はしばしば取り上げられるが、簡単に説明しておくと、ベルリンという「新大都」の中心に足をおろし、ウンテル・デン・リンデンの「大道」からブランデンブルク門、「凱旋塔の神女の像」などのモニュメンタルな「景物」をパノラミックに一望しているのである。これは視覚優位で都市の構造を把握するやり方であり、遠近法の手法によって導かれたパノラミックな細密画にもとづく「モニュメンタルな空間」の叙述である。これについてジャン＝ジャック・オリガスは次のように述べている。

「文章が展開するにともなって、一種の遠近法の効果が出来て行き、部分的なものが全体の中に位置づけられて行く。まことに十九世紀の欧羅巴を代表する建築群を描くのにふさわしい文章の組み立て方であるが、最終的な効果はむしろ絵画的といえる。始めのうちは、自分に近く歩道を歩く人々の姿を目で追って……その後すぐ『彼も此も目を驚かさぬはなきに』といいついで、個々の点描を一つの総体的な言い方の中に含んでまとめたのち、車道への目を移し、それから上方を見上げ、『雲に聳ゆる楼閣』、『晴れたる空』、『遠く望めば』などと書き、一つの句が終るごとに、作者の眼がさらに遠くへと探究を続けて行くのである。

　その探究の目安になるものは、都会の中の一番めぼしい建物である。『余』は、都会の眺望を一目におさめようとする。家並の中に目立つ記念的建造物《モニュメント》に必然的に目がとどまる。ブランデンブルク門、凱旋塔が空に聳える。ブランデンブルク門から一直線に宮殿に通ずるウンテル、デン、リンデンの大通りでさえ、一種のモニュメントといえる。それらの建物は整然とした都会の秩序をなし、その空間を支配している。」（オリガス 二〇〇三：四八〜九）

†「鳥の目」と上昇志向

以上のような鷗外の都市についての叙述は前田愛が指摘しているように、近景から遠景へと移動していき、「光彩」「色沢」から輪郭の明瞭な線や面へと分析をシフトしていくという「全体化」の方法に貫かれている（前田 一九九二）。これはまさに遠近法の手法であり、そこに特徴的なのは鳥瞰、つまり「鳥の目」によって都市をまなざすといった方法的態度である。まさに鳥の立場に立って上から見ていくのである。大久保喬樹はこれについて「市街全体を見おろすある高みから鳥瞰して得られた描写」と述べている（大久保 一九七九：二六）。これは視覚優位の静止的な描写にもとづく「上からの視点」であり、都市を外から見る把握方法であるといえる。

鷗外はこのように「上からの視点」で都市に何の違和感も抱かずに入っていく。そして「上から」、「外から」他者として都市を見下ろしている。「模糊たる功名の念と、検束に慣れたる勉強力」とあるように、この視点は鷗外の上昇志向によって深く裏打ちされている。オリガスも着目している「雲にそびゆる楼閣」、「晴れたる空」、「半天に浮かびいでたる」という表現には、その上昇志向がたくみに織り込まれている。鷗外は「新大都」ベルリンを颯爽と生きる。いま流にいうと、カッコよく過ごす。社交界にも足しげく通い、ドイツ女性とも恋愛をした。そういう点で鷗外は都市に過剰適応し、馴化していた。都市に生きるというよりはむしろ、都市を利用する。そのような態度が見て取れる。

†「上からの視点」と主客二分法——遠近法を貫くもの

鷗外はベルリンの住まいを「僑居」、つまり仮の住まいとみている。ここは棲みつくところではなく、利用するところである。これはかれの出自とも関係しているのではないかと思われる。津和野藩の典医の末裔である鷗外にとって、東京とはまさに上昇志向を可能にする利用の場であり、ベルリンもまたそうであった。次にみる漱石とは違って、鷗外は都市にたいして何ら臆するところがなかった。「新大都」が「わが心を迷わさんとする」ことを認めながら、けっして惑わされないぞという自負心が、「新大都」を見下ろし他者として利用することになった。そのため、モニュメンタルな街並みを上から静止的に見下ろす遠近法の手法は鷗外にきわめて適合していた。

たとえば、主人公がエリスと出会う場面の叙述を見てみよう。ここではバロック風の通景に圧倒されながらも、街を「上から」他者として客観的に凝視するまなざしがヴィヴィッドに見てとれる。

「或る日の夕暮なりしが、余は獣苑〔ブランデンブルク門西の森林公園〕を漫歩して、ウンテル、デン、リンデンを過ぎ、我がモンビシュウ街の僑居《きょうきょ》〔下宿〕に帰らんと、クロステル巷《こう》〔街〕の古寺の前に来ぬ。余は彼の灯火《ともしび》の海を渡り来て、この狭く薄暗き巷《こうぢ》に入り、楼上の木欄《おばしま》〔手すり〕に干したる敷布、襦袢《はだぎ》などまだ取入れぬ人家、頬髭《ほほひげ》長き猶太教徒の翁《おきな》が戸前に佇みたる居酒屋、一つの梯《はしご》は直ちに楼《たかどの》に達し、他の梯は窨《あなぐら》住まひの鍛冶《かじ》が家に通じたる貸家などに向ひて、凹字《おうじ》の形に引籠みて立てられたる、此三百年前の遺跡を望む毎に、心の恍惚《こうこつ》となりて暫し佇みしこと幾度なるを知らず。」（森 一九五四：七六、〔 〕内は引用者）

さて、このような遠近法の視角で特徴的なのは、都市を冷然と上から俯瞰する認識主体とまなざされて固定化された認識対象という主客二分法にもとづいていることである。こうした主客二分法では認識の優位は動かしがたいものとしてあり、認識主体が認識対象を圧するのは当然のこととされている。そしてこの認識主体が躍動すればするほど、認識対象は遠近法の秩序に絡み取られていくことになる。都市はまさに前章でみた不動の幾何学的空間としてあるのだ。

したがってここでは、オリガスが注目した、バロックの通景やパノラマの世界に潜む隔たりや広がりは、後述するような「生きられた空間」を表象するものにはならず、ただ生気を失って固定化されるだけになるのである。

2　都市をみる鷗外と漱石のまなざし

†漱石の「内からの視点」

それでは漱石（図2－3）は、都市をどうまなざしているのであろうか。これまでの叙述から明らかなように、鷗外は「上からの視点」をとることによって都市の構造を鳥瞰的に捉え、それによって都市をむしろ制御する側に立つことができるようになった。しかし漱石は以下にみるように視覚優位の遠近法的立場を取っておらず、むしろ聴覚的・触覚的に都市を捉え、内面から描写している。まず『倫敦塔』の冒頭の箇所を見てみよう。

図 2-3　夏目漱石

「二年の留学中只一度倫敦塔《ロンドンとう》を見物した事がある。其の後再び行かうと思つた日もあるが止《や》めにした。人から誘はれた事もあるが断《ことわ》つた。一度で得た記憶を二返目に打《ぶち》壊《こ》はすのは惜《おし》い、三たび目に拭《ぬぐ》ひ去るのは尤《もつと》も残念だ。

『塔』の見物は一度に限ると思ふ。

行つたのは着後間もないうちの事である。其頃は方角もよく分らんし、地理杯は固《もと》より知らん。丸で御殿場《ごてんば》の兎《うさぎ》が急に日本橋《にほんばし》の真中へ抛《ほう》り出された様な心持ちであつた。表へ出れば人の波にさらはれるかと思ひ、家《うち》に帰れば汽車が自分の部屋に衝突しはせぬかと疑ひ、朝夕安き心はなかつた。此響き、此群集の中に二年住んで居たら吾が神経の繊維も遂《つい》には鍋《なべ》の中の麩海苔《ふのり》の如くべとべとになるだらうとマクス、ノルダウの退化論を今更の如く大真理と思ふ折さへあった。

しかも余《よ》は他の日本人の如く紹介状を持つて世話になりに行く宛《あて》もなく、又在留の旧知とては無論ない身の上であるから、恐々《こわごわ》ながら一枚の地図を案内として毎日見物の為め若くは用達《ようたし》の為め出あるかねばならなかつた。無論汽車へは乗らない、馬車へも乗れない、滅多な交通機関を利用仕様とすると、どこへ連れて行かれるか分らない。此広い倫敦を蜘蛛手《くもで》十字に往来する汽車も馬車も電気鉄道も綱条鉄道も余には何等の便宜をも与へる事が出来なかつた。余は已を得ないから四ツ角へ出る度《たび》に地図を披《ひら》いて通行人に押し返されながら足の向く方角を定める。地図で知れぬ時は人に聞く、人に聞いて知れぬ時は巡査を探す、巡査でゆかぬ時は又外の人に尋ねる、何人でも合点《がてん》の行く人に出逢《であ》ふ迄は捕へては聞き呼び掛ては聞く。かくして漸《ようや》くわが指定の地に至るのである。」（漱

石　一九四七：五〜六）

†聴覚的、触覚的モーメント

先ほどの鷗外の『舞姫』の叙述と比べて、どこがどう違うのであろうか。まず漱石の『倫敦塔』には、鷗外が都市をみる際に重視した「中央」やモニュメントが出てこない。さらに遠近法に不可欠な「彩」「色沢」、そして輪郭の明瞭な線や面もあらわれない。ただ「人の波」や車の動きについては「此響き」、「此群集」という表現を用い、実におどろおどろしく音と動きを描写している。ここでは視覚的な要素ではなく、聴覚的・触覚的な要素が都市へのまなざしとそこを貫く「内からの視点」の要となっている。

別の言い方をすれば、鷗外と漱石では対象への距離の取り方がまるで異なる。鷗外の「上からの視点」では対象への距離がはっきりしているが、漱石の場合はそうではない。たとえば先ほどの引用でも「丸で御殿場の兎が急に日本橋の真中へ抛り出された様な心持ちであった」、このままだと「吾が神経の繊維も遂には鍋の中の苔の如くべとべとになるだらう」と自己表白している。漱石は対象を突き放して上からもしくは外から見る認識論的立場をとらない。むしろ対象にたいして実存的・存在論的にかかわろうとする態度が明白にあらわれている。

いずれにせよ、鷗外の場合、自分と対象との間に距離があるが、漱石の場合は対象との距離がほとんどない。「蜘蛛手」の街が発する激しい動きや音にたいする漱石の内面的恐怖は、鷗外にはない。鷗外は肩を張り、常に都市を上から見据えており、そういった内面的恐怖とは無縁である。漱石の場合は常に都市との違和に悩みながら、都市の中を蠢くしかなかった。先ほどの「丸で御殿場の兎が急に日本橋の真中へ抛り出された様な心持ちであった」という箇所に顕著にあらわれているように、漱石は大都会のイニシエーションに伴う驚きや緊張感を実に率直にさらけ出しているが、鷗外は「中央に立てり」と誇らしげに述べている。

ともにエリートとして留学しているが、両者はあまりにも違う。言うなれば鷗外は優等生、漱石は劣等生だった。が、そうであったからこそ、漱石は都市を内からまさに「都市住民」として見ることができたのではないだろうか。漱石は先にあげた『倫敦塔』の中で「家に帰れば」、「自分の部屋」という表現を多用しているが、鷗外は「僑居」という表現を用いている。その点では鷗外よりも、漱石のほうが大都市に根を下ろしていたと言える。

†「都市に住まう者」のメンタリティ

これまでみてきたところから明らかなように、漱石の叙述は「余」が動くとともに外界が動くというスタイルを取っており、これは鷗外の構造的な把握とは真逆のものである。そしてその点でいうと、「余」が都市を凌駕しているのではなく、都市の内側に沈んでいるという印象はぬぐえない。鷗外の「上からの視点」では「余」が都市から独立して、すなわち距離をとって都市を眺めるというきわめて高踏的な都市論の立場を獲得しており、これはヨーロッパの一九世紀文学の手法を踏襲しているという見解もある。それにたいして漱石の叙述はしばしば諧謔的であり、そのぶん「余」の「みているぞ」という構えは弱くなる。しかし「余」は滑稽でみじめな存在でありながら、「都市に住まう者」として「内からの視点」をしっかり持つ主体として描かれている。

このように考えてみると、鷗外の「上からの視点」は都市を視覚的、静止的に捉える「鳥の目」にもとづくものであり、それ自体、主客二分法に立脚した認識論優位の立場である。他方、漱石の「下からの視点」は都市を聴覚的、触覚的に捉える「虫の耳、皮膚」にもとづくものであり、どちらかというと主客二分法を超えたところでの存在論的立場に依拠するものである。この存在論的立場は、認識主体がより高い位置に立って認識対象を見据えるのではなく、むしろ認識主体と認識対象が同じ日常生活者（ハイデガーの言葉で言うと「世界内存在」）として向き合うという態度をベースにしている。

なお、すでに触れたように、鷗外の「上からの視点」は、鷗外の前半生の上昇志向に誘われたライフヒストリーによってもたらされた。そしてその点では、鷗外の「新大都」ベルリンでの体験は東京生活の体験の延長線上にあった。他方、漱石の「下からの視点」は、東京という都市に生まれ、そこを平面的にさまよってきた経験がロンドンの生活に引き継がれ、立ちあらわれたものであると言える。したがって「下からの視点」に潜む、先に垣間見た大都会ロンドンにたいする内面的恐怖であれ違和感であれ、それらは東京以外で住んだことがないため、よそ者として都市を利用することなどできない漱石のメンタリティに根ざしているのである。

3 「遠近法空間」と「生きられた空間」

†「遠近法空間」と啓蒙の認識

それでは、鷗外の「上からの視点」と漱石の「下からの視点」、「内からの視点」は、前章で概観した「遠近法空間」および「生きられた空間」と具体的にどのように結びつくのであろうか。きわめて単純化して言えば、鷗外の「上からの視点」は「遠近法空間」に対応し、漱石の「下からの視点」、「内からの視点」は「生きられた空間」に対応しており、両者は完全に対立しているように見える。しかし近代のメカニズムのなかに両者を置いてみると、対立しているように見えて実は互いに響き合っていること、またそれとともに、近代の都市空間の両義性を示していることがわかる。このことは前章であらまし述べているが、もう一度簡単に整理しておこう。

まず「遠近法空間」であるが、それは空間の〈絶対性〉を前提としている。そして「空間がひとつとして同じものはない」、また「一方向につながっていくものではない」ということを否定した上で、「幾何学の連続的空間」（ピエール・ブルデュー）として展開されていく（ブルデュー 一九九三）。そこでは認識主体の視覚を絶対視する遠近法主義（perspectivism）と「全体化」の論理に支配されている。そして「冷徹な合理性」（ハーヴェイ）が貫徹することによって、空間の非連続性、非同型性が消去されてしまう。「遠近法空間」は「単線的で同質的で連続的な時間」（ブルデュー）であるクロック・タイムと一体となっており、近代の啓蒙の認識を構成してきた。この近代の啓蒙の認識が国民国家の物語の形成に大きく貢献してきたことは、すでに多くの論者が指摘している。

†甦る「生きられた空間」

他方、漱石の「下からの視点」「内からの視点」がまなざす「生きられた空間」は、人びとが感覚的・質的に生き、なおかつさまざまな社会によって辿られた経路およびパターンを共有することで得られる「動き、近接性、特異性、知覚、象徴性、意味とともにある空間」(吉原 二〇〇八b:二七)のことである。それは非連続的・非同型的であることを特徴とするものである。そこでは空間を「白紙のページ」としてではなく、意味を運ぶものとして捉え、社会的活動の只中から生じるだけでなく、社会的活動を再生産するものでもあるとみなされている。アンリ・ルフェーヴルの空間認識には、そのような捉え方が根底にある(ルフェーヴル 二〇〇〇)。

前章でも述べたように、近代を通して、このような「生きられた空間」はいったんは社会の後ろに退いたが、最近再び社会の前面に立ちあらわれるようになっている。ここにはいくつかの背後要因が考えられるが、何よりもグローバリゼーションが進み、ヒトやイメージの移動と電子的メディアが決定的な意味を持つようになるにつれて、人びとは自分たち自身の社会のリズムや歴史以外に多くの空間があるという認識を抱くようになったことが大きい。国民国家のありようが大きく揺らいでいることもこのことに拍車をかけている。いずれにせよ、このところ「生きられた空間」をめぐる議論が活況を呈している。

†「遠近法空間」と「生きられた空間」のダイナミクス

そうしたなかで「生きられた空間」は「遠近法空間」の対極にあり、前者が後者に代わるものとして立ちあらわれているという、ある種のポストモダン論議に代わって、むしろ「生きられた空間」と「遠近法空間」はダイナミックに絡み合うという捉え方が強まっている。それとともにモダニティそのものの両義性にたいする認識があらためて注目されるようになっている。それはたとえばボードレールの次のような言葉を彷彿させる。

「現代性とは、一時的なもの、うつろい易いもの、偶発的なもので、これが芸術半分をなし、他の半分が、永遠なもの、不易なものである。」（ボードレール 一九八七：一五〇）

ともあれ、モダニティの差異を問う言説において、「一方から他方へ」という語法ではなく、ボードレールの上述の言葉が示唆している、「一方」と「他方」が共振する地平を明らかにするような語法が重要となってくる。そしてこうした語法の下で、何よりも「上からの視点」と「下からの視点」、「内からの視点」とが響き合い、交錯することを可能にさせるような新たな視点を打ち出すことがもとめられている。

4　須賀敦子と、もうひとつの都市へのまなざし

†大聖堂とミラノ

こうした新たな視点の形成につながる可能性をもつものとして、ここではさしあたり須賀敦子（図2-4）の都市へのまなざしに注目してみよう。須賀は『コルシア書店の仲間たち』で一つの都市を内部からみつめながら外から射貫くといった視点を提示している（須賀 二〇〇〇）。

よく知られているように、須賀は人生の大半を日本とイタリアの往還についやした。そして一一年にわたって棲みついたミラノを、「饒舌なゴシック」であり「ひとつの象徴的なモニュメント」である大聖堂を中心にして、そこから展がっていく街として次のように描いている。

「大聖堂があり、それを起点として、そこから、外郭を決めている城壁に向って、街はほぼ不規則にひろがるものだった。」（須賀 二〇〇〇：二二三）

この街は須賀にアンビヴァレントな地域感覚を思い起こさせるとともに、新鮮な驚きを与えた。須賀はミラノの特徴として「大聖堂を背にして、右と左では、街の様相、種類がまったく違っている」と述べている。そして続けて「左手は日常的、庶民的で、右手は断じて貴族的なのだ」という。

「左側の街を歩いているときの自分を思い出すと、なんとなく急ぎ足で、その日の献立についてとか、あの手のパンが、今日はまだあの店にあるかな、とか、あたまのなかには、実用的な考えがのさばっている。」(須賀 二〇〇〇：二二五)

図2-4 須賀敦子

だからこそ、「生涯をかけて、暗い店でこつこつと働いていた職人の姿を彷彿させる」という。ところが、右側の街のたたずまいはまるで異なっている。大聖堂の前に広大な広場があり、その右手に「ガレリア」と呼ばれている巨大なアーケードがそびえたっている。そしてそれらを、ミラノの人たちはショウ・ウィンドウのように

「眺め眺め、ぐるっとひとめぐりする」というのだ。

†「深み」をみるまなざし

こうして須賀は、まったく対照的な街が隣り合わせで並び立つ都市が内包する「ぎらぎらとした力」とそこから立ちあらわれてくる賑わいを、「上からの視点」と「下からの視点」、「内からの視点」を巧みに織り交ぜながら描き出している。そして「遠近法空間」と「生きられた空間」とが対立しながらも響き合う、近代特有の空間構成のありようを浮かびあがらせている。ともあれ、鷗外および漱石の都市へのまなざしにたいして、須賀がもうひとつのまなざしを構成しているのは明らかである。

たしかに、須賀は近代の都市構造を包括的な視点で見ていなかったかもしれない。しかし、一一年住んで「私のミラノは、狭く、やや長く、臆病に広がっていった。」とする須賀の都市体験、そして「香水のかおりをふりまく貴女たち。そして、無頓着としか思えない身なりの、小鳥のようにおしゃべりな少女たち」の後ろに「ミラノの深み」を見ようとする須賀のまなざしは、やはり尋常ではないといわざるを得ない。須賀は人びとが日常において、都市にたいして抱く親しみや戸惑いをものの見事にすくいあげるとともに、それらのいっさいをずいぶんしゃれた顔をしながら粗野であることを隠さない饒舌の街に再び送り返している。須賀の叙述は、そのような点で奥が深いし、多様性を秘めている。

†まなざしの複数性

本章ではサンドバーグから始まって鷗外、漱石を経て須賀敦子に至る都市へのまなざしを検討した。その結果明らかになったのは、都市をみるまなざしの複数性のたいせつさである。それとともにそれぞれのまなざしに近代の都市構造の両義性といわれるものが複雑な形で影をおとしていることがわかった。

本章の冒頭の箇所で述べたように、都市には誰もが認めるような定義はない。極論すれば、都市の定義は都市を論じる者の数だけある。だからこそ、近代の都市構造の両義性を自由に論じること、すなわち都市にたいして複数のまなざしが存在することを確認することはきわめて重要である。

さて、あらためて指摘するまでもないが、まなざしの複数性は都市の多様性の反映でもある。鷗外、漱石、須賀が都市へのまなざしの奥に秘める「驚き」はけっして一様に論じられないが、都市の多様性がはらむ可能性を示すものであることはたしかだ。しかし今日、多様性そのものの変容とともに、それがもたらすとされる可能性がきわめてみえにくくなっている。したがってその深因をさぐるとともに、そもそも都市の多様性がいかなるものとして議論されてきたのかについて再検討する必要があるだろう。

そこで次章では、都市の多様性認識の宝庫とされるジェイン・ジェイコブズの『アメリカ大都市の死と生』、さらにその理論地平を最も忠実に継承しているとされるリチャード・フロリダの一連の著作をテキストにして、都市の多様性認識が初発の段階でどのように展開されたのか、さらにそこにはらむ可能性がどのように開示されたのかについて具体的に検討する。そしてそのことを通して、今日なぜ都市の多様性認識が必要なのかについて考えてみることにする。

第三章

多様性と寛容さ――ジェイコブズからフロリダへ

1　コミュニティから都市へ

†都市思想と「反都市」的立場

本章では前章の展開を踏まえた上で、ジェイン・ジェイコブズ（図3-1）の『アメリカ大都市の死と生』（以下、『大都市の死と生』）を取り上げる（ジェイコブズ 二〇一〇）。ここではまず都市思想について考えてみたい。これまでの都市思想は都市を諸悪の根源、悲惨なもの、害悪として捉える立場が底流としてあった。本章でとりあげるジェイコブズは、そのような都市思想のあり方を問題視している。たとえば都市思想といえば必ず言及されるルイス・マンフォードの『都市の文化』について、ジェイコブズは『大都市の死と生』の

図3-1　ジェイン・ジェイコブズ

なかで「マンフォード『都市の文化』のような本は、もっぱら都市の悪いところの陰気で偏向したカタログでした。」と述べ、さらに次のように言及している。

「大都市はメガロポリス、圧政都市、ネクロポリス、化け物じみた存在、圧政、生ける死です。それは消えるべきだといいます。ニューヨーク市のミッドタウンは『混沌を固めたもの』（マンフォード）。都市の形態や外見は、『混沌とした偶発物（中略）多くの自己中心的で何も知らない個人による、場当たり的で相互に対立する気まぐれの総和』（スタイン）でしかない。都心は『騒音、汚れ、乞食、おみやげと騒々しい競合的な広告の前景』（バウアー）でしかない。」（ジェイコブズ 二〇一〇：三七）

ある意味でこれまでの都市思想は偏向していた。そしてその点でいうなら、世紀転換期から一九二〇年代に台頭してきた都市小説でも、若者のサクセス・ストーリーにあまり関心を払ってこなかった。もちろんなかには、前章でも取り上げた、都市の魅力を高らかに歌うサンドバーグの『シカゴ詩集』のような例もあるが、たいていは若者が田舎町から都市に出てきて、そこで挫折するというようなストーリーであった。ともあれ、ジャン＝ジャック・ルソー以降、都市思想は「反都市」（anti-city）を基調とし、その上にクフレンス・ペリーの「近隣住区」論に代表されるようなコミュニティ論やエベネザー・ハワードの田園都市論などが展開されてきたのである。

かれらは都市思想や都市計画論において反都市的な立場を取る一方で、コミュニティを賛美している。リチャード・セネットによると、そうしたコミュニティ賛美は「局地的な狭い地域を道徳的に神聖なものとする」点に最大の特徴があり、セネットはそれを「小都市幻想」と呼んでいる（セネット 一九九一）。そして「小都市幻想」に裏打ちされたコミュニティは「みんなが同じであること」が「よき社会」の最大要件になるという観念の上に存在するという。その点では、以下の「ジンメルの都市」からの逃避志向を示しているといえる。

†ジンメルの都市評価

別のところで触れたように、ゲオルク・ジンメルはどちらかというと都市の持つ積極面に注目しており、論文「大都市と精神生活」ではその立場がクリアに示されている（吉原 二〇一八）。かれはそこで、都市においてこそ個々人の解放が比類なき自己の個性的表現になるゆえ、空間的に疎隔している人びとを緊密にむすびつける心的な機制を与えるとしている（ジンメル　一九七六）。都市を否定し、コミュニティを賛美する傾向にある都市思想に抗うかのように、都市の側に立つというスタンスを表明しているのである。

しかしながら、ジンメルが無条件に都市を賛美していたのかというと必ずしもそうではない。かれは、都市は人びとを自由にさせるが、そのような自由が近代人（都会人）に両価的側面、すなわち自己の生存の自律性と特性とを保持しようとすればするほど、自我の全体性と自己確証の感覚を保持することができなくなるといった状態をもたらすことに注目している。こうしてみると、ジンメルの議論を都市の肯定・否定という二分法的な議論で整理することは適切ではないが、都市思想のこれまでのキーノートからすると、「都市的なもの」への視点を、従来のようなネガティヴ一辺倒からポジティヴなものに移していることは明らかである。

以下にみるジェイコブズの都市の多様性認識は、リチャード・フロリダの「創造都市」に受け継がれていくが、そういった都市の多様性認識および寛容へのまなざしは、ある意味でジンメルの都市へのまなざしに萌芽的にあらわれているといえるかもしれない。とはいえ、それらとジンメルの「コスモポリタン的個人主義」とのつながりについては、必ずしも明らかになっていない。これについてはウルリッヒ・ベックの「第二の近代」やコスモポリタニズム批判などを参考にしながら（本書第六章参照）、「コスモポリタン的個人主義」を再び考察し直す必要があると思われる。

だがいずれにせよ、ジンメルを起点として、ジェイコブズの多様性認識について考えていくことは十分に首肯し得る。ちなみに、ジェイコブズとよく似た考え方をするのが、先ほども触れたリチャード・セネットである。かれは『公共性の喪失』で「人々は未知のものと出会う過程を通じてのみ成長する」と述べており（セネット 一九九一：四一〇）、ジェイコブズに近似した議論をしているが、両者の間には決定的な違いもある。そのことは後述するとして、まずは『大都市の死と生』を繙きながら、ジェイコブズの都市、より正確にいうならば都市の近隣にたいする多様性認識について見ていきたい。

2 ジェイコブズの都市の近隣にたいする多様性認識

†「正統派都市計画」にたいする批判

ジェイコブズは『大都市の死と生』の第二‐六章で街路や歩道に立ちあらわれる多様性について触れる際、「正統派都市計画」について「都市が本質的な機能秩序としてどんなものを持っているか知らずに、都市の外観を計画したり、そこに快い見せかけの秩序をいかに与えるか考察」している、とかなり手厳しく批判している（ジェイコブズ 二〇一〇：三二）。かの女は「正統派都市計画」で常識と見なされている考え方について、次のように述べている。

「街路は人間にとって悪い環境である。住宅は街路に背を向けて内側の、保護された緑地に向くべきである。街路が多すぎるのは無駄で、物件価値を接道距離でしか測らない不動産投機家にしか意味がない。都市デザインの基本単位は街路ではなく街区、それも特にスーパーブロックである。商業は住宅や緑地から分離されるべきである。物資に対する近隣の需要は『科学的』に計算されるべきであり、それに応じた商業空間さえあればよく、それ以上は不要。他人がたくさんいるのは、よくても必要悪でしかなく、よい都市計画とは孤立や郊外的なプライバシーを実現するか、少なくともそれらしく見せねばならない。……また、計画コミュニティが孤島のように、自己完結的なユニットとなるべきだという発想を突き詰めました。そして……あらゆる重要な細部に至るまで最初から計画者によりコントロールされ、そしてそれがずっと遵守されるべきだという考えも死守しています。」（ジェイコブズ 二〇一〇：三七）

こうした考え方はある意味で「反都市的」立場と共振している。ジェイコブズはハワードから始まり、ル・コルビュジエに至る近代の都市計画構想を「つくり物めいた田園都市」構想であり、そこでは「バランスの取れた近隣」がまるで「一体感」を持つ保護された孤島のようなものとみなされ、「ちょうど野蛮人たちが魔法の呪物を崇拝するときのように」「驚くほど無批判な形で崇拝されて」いると述べている（ジェイコブズ 二〇一〇：一〇九〜一一〇）。そしてそれは感傷的であることを超えて、有害なものになっているという。また、そうした近隣から郊外を相同的に捉え、郊外は居心地のよい内向きの同質的社会であるとしている。

ジェイコブズのこうした批判は、一九二〇年代の都市計画、さらに白人の中産階層を担い手とするいわゆるホワイト・サバーバニゼーション（white suburbanization）が低所得層やエスニック・マイノリティ（主に黒人）を対象とする排他的ゾーニングによってもたらされたという現実認識にもとづいている。このような都市計画批判を繰り広げた後で、ジェイコブズは次のような問いを発する。

「都市の近隣というのはそもそも何なのか。そして偉大な都市の近隣が何か働きを持つ

なら、それはどんなものなのか。」(ジェイコブズ 二〇一〇:一九)

†「新しい近隣」における多様性と寛容さ

こうした問いの下に歩道・街路における多様性に照準が据えられ、それを都市の自治とかかわらせて議論される。それでは、正統派の都市計画がいうところの近隣ではなく、ジェイコブズがいう「新しい近隣」でどのような多様性と寛容さが見られるのであろうか。ジェイコブズは多様性について「都市はすさまじい数の部分で構成されている……。そしてその部分がすさまじく多様だ……。多様性は大都市にとっての天性です」と述べる(ジェイコブズ 二〇一〇:一六六)。そしてそのような多様性を担保する都市の近隣では、「隣り合うこと」が第一の要件となるという。隣り合っていなければ多様性・近隣は成り立たない。しかしジェイコブズによれば、そのことは必ずしも物理的な近接性/隣接性に限定されない。「新しい近隣」では「隣り合うこと」が外に開かれたものとしてあり、その多様性/複数性は別の言い方をすれば非排除性/非同質性でもあるというのだ。

そして「新しい近隣」はさまざまな集団や利害が交錯しつつ関係を取り結んでいく単位(ユニット)であり、そこでは「隣人たちが大きな違いを持つこと」が重要だという。この「違い」は人びとの「交わり」を色鮮やかにする多様性の源であり、「はっきりしたユニットとして区切るような始まりも終わりもない」、つまりそれは「一本の通りではない」連続体であり、単調さや機能的なまとまりには還元されない「違い」として把握される（ジェイコブズ 二〇一〇：一四二）。この「新しい近隣」が内包する寛容さについて、ジェイコブズは次のように述べている。

「寛容さ、つまり隣人たちが――肌の色の違いよりもしばしばずっと深遠な――大きなちがいを持つ余地というのは、非常に活発な都市生活には可能でも、郊外や疑似郊外にとってはとても異質なものです。見知らぬ人が、文明的ながら本質的に威厳と慎みのある条件のもとで一緒に平和に生活することを許すつくりつけの装置が大都市の街路にある場合のみ、それは可能であたりまえのものとなるのです。」（ジェイコブズ 二〇一〇：九〇）

ジェイコブズによれば、このような寛容さは「自己完結的な居住地域内での異なる小さな集団」の人間関係に還元されない。それは「飛び石式の人間関係」の「偶発的な形成」であるという。それではここでいう「飛び石式の人間関係」とはどのようなものなのだろうか。ジェイコブズは次のように述べる。

「入り組んだ、でもちがった人間関係……。これは、その街路の近隣や個別の組織団体を超えて地元の公共生活を拡大し、まったくちがうルーツや出自に帰属する人々とも人間関係を築ける人々、通常はそこの指導者たちですが、そうした人々同士の実用的な人間関係なのです。」（ジェイコブズ 二〇一〇：一五七）

実はジェイコブズはこうした「飛び石式の人間関係」の裡に、街路レベルの「新しい即興」の物語を見ているのである。それはやや抽象的な表現だが、かの女はこれを踊りになぞらえて次のようにいう。

「全員が一斉に足をあげて、揃ってくるくるまわり、一斉にお辞儀をするような単調で高精度の踊りではなく、個々の踊り手やアンサンブルが別々のパートを担いつつ、それが奇跡のようにお互いに強化し合い、秩序だった全体を構成するような、複雑なバレエです。よい都市の歩道のバレエは、どの場所でも決して繰り返されることはなく、そしてどの場所をとっても、常に新しい即興に満ちています。」（ジェイコブズ 二〇一〇：六七）

ここでは踊りという比喩を用いて、都市の近隣の多様性と寛容さに根ざす街路の複雑な秩序を示している。ここで注目されるのは、踊りという比喩によって示される即興の物語が、創発性（the emergent）への原認識を宿していることである。スティーブン・ジョンソンによると、それは「生き生きとした歩道〔近隣〕が生成する相互作用」によってもたらされた「一種のホメオスタシス」に近いものであるという（ジョンソン 二〇〇四：一五七）。

こうしてみると、ジェイコブズの都市の近隣、とりわけ街路や歩道に向けられたまなざしは、近隣を共有する見知らぬ人びとの自由なやりとりや相互作用をしっかり見据えることから始まり、近隣を磁場とする異他的な人間関係のネットワークに視線を移し、結局はさまざまな生き方を許容する、非排除性／非同質性に根ざす「場／様式」としての都市の確認を目指していることがわかる。

†近隣の自治機能

ところでジェイコブズによれば、街路や歩道において多重的に形成される異他的な人間関係のネットワークはそれ自体、近隣の自治機能をはぐくんでいるという。この異他的なネットワークは「公共的な監視の網の目を織りなして、それ自身だけでなく見知らぬ人々をも守る機能、小規模で日常的な公共生活のネットワークを育てて、結果として信頼と社会的コントロールのネットワークをつくるという機能、そして子供たちをそれなりに責任ある寛容な都市生活へと順応させるのを支援する機能」を保有している。さらに「街路だけで扱いきれないほど大規模な問題がやってきたときに、助けを有効に活用するという機能」をもっているというのだ（ジェイコブズ 二〇一〇：一四一〜二）。

ちなみに、この最後の機能では「都市のリソースを街路近隣が必要としているところに引っ張ってくるのを助ける」「地区」の「仲介役」としての役割が強調されており、きわめて重要である。その役割のうちに「関心を共有するコミュニティと人々を結びつけられる……都市の大きな資産」を見ることができるからである（ジェイコブズ 二〇一〇：一四一〜四）。近隣の多様性に根ざす、外に開かれた流動的で多重的なネットワークはそれ自体、都市の「総合性」を示すとともに、ある種の自治機能を豊かに湛えている。したがって、自治とはまさに多様性のひとつの表現となるのである。

†コミュニティの位置づけ直し

ここであらためて指摘したいのは、ジェイコブズは反都市的立場におけるコミュニティの賛美には決して与しないが、コミュニティそのものは否定していないという点である。かの女はコミュニティを都市の諸悪から人びとを守るシェルターとして捉える立場を厳しく批判するが、都市の肯定のためにコミュニティを否定するという立場は取らない。この点においてはセネットやジョック・ヤングの立場とはかなり異なる。

セネットは「都市的なもの」に「人々が同じであることを強制されないこと」という意味を込める（セネット 一九九一）。そしてヤングは排除のない社会的差異や多様性などを、かの女がいうところの「アーバン・ライフ」の基底に据えている（ヤング 一九九〇）。「都市的なもの」も「アーバン・ライフ」も一見するとジェイコブズの議論と響き合うように見えるが、これらはまさにコミュニティ賛美論の対極に置かれている。かれらの議論における都市の肯定は、コミュニティの否定と表裏一体の関係にある。

先に言及したように、ジェイコブズは都市の本性を人びとの間の「違い」、すなわち機能や利益がせめぎ合う、まさにフェルディナント・テンニエスがいうところのゲゼルシャフト的関係に見ているが、一方でそうした機能や利益をつなぎ合わせる「総合性」を都市の資産として捉えている。かの女は、都市はテンニエスのいうゲマインシャフト的な有機体としても存在していると述べており、都市にゲゼルシャフト的関係とゲマインシャフト的関係の両方を見ようとしている。ちなみに、テンニエスの議論をゲマインシャフトからゲゼルシャフトへというベクトルのみで捉えると、明らかに曲解することになる。ジェイコブズはむしろ、ゲマインシャフトとゲゼルシャフトを通底するものに目を向けていたのではないだろうか。そしてその点でいうと、テンニエスのいうゲノッセンシャフト的な関係を視野におさめていたといえないこともない。

いずれにせよ、ジェイコブズはコミュニティをいったん否定した上で、より新たな次元でコミュニティを都市の中心に位置づけ直している。都市の風景に人間のバリエーションの豊かさを読み取り、それをコミュニティの原拠に据えているという点において、かの女はジョン・ラスキンの衣鉢を継いでいるともいえる。かの女にとっての都市の多様性は以下の叙述に集約される。

「都市はあらゆる人に何かを提供してくれる能力を持っていますが、それが可能なのは都市があらゆる人によってつくられているからであり、そしてそのときにのみその能力は発揮されるのです。」（ジェイコブズ 二〇一〇：二六八）

3 フロリダにおける都市の寛容さへのまなざし

†ジェイコブズの「忠実な後継者」

ではジェイコブズの都市の多様性認識は、フロリダ（図3－1）の議論にどう受け継がれていったのであろうか。一九九五年にノーベル経済学賞を受賞したロバート・ルーカスは、経済成長における場所因子の導入を試みたことでつとに知られているが、かれは、自分はジェイコブズの「忠実な後継者」であると発言している。しかし真の意味での「忠実な後継者」といえば、やはりフロリダであろう。

フロリダは創造都市論の嚆矢を切り拓いた社会学者としてよく知られているが、自らの論の提唱において、ジェイコブズが『大都市の死と生』で取り上げている、ニューヨーク下町の多様性を豊かに湛えた事例に注目している（フロリダ 二〇〇八）。またかれはジェイコブズの『都市の原理』から、多様性について述べた次のような部分を引用している。

図3-2　リチャード・フロリダ

「都市にあらゆる種類の多様性が生まれるのは、そこに非常に多くの人々が密集しているからであり、その人々が実にさまざまな趣味、技能、要求、物資、そして独自の考えを持っているからである。」（ジェイコブズ 二〇一〇。ただし、フロリダ［二〇〇九：八二］より引用）

フロリダはそうした都市の多様性に注目し、自らの創造都市論においてより独自なかたちで展開している。かれは多様性から寛容さを引き出し、全面的に展開していくが、ここでいう寛容さとは何か。しかしそれについて検討する前に、創造都市論が立ち現れるに至った背景要因について簡単に触れておきたい。

†産業都市から創造都市へ

日本において創造都市についてかなり初期の段階から議論している佐々木雅幸は、創造経済の出現を創造経済の進展と関連づけ、次のように述べている。

「創造経済が本格化すると、生産システムにおいて大規模集中型から分散的ネットワーク型に転換が始まり、消費のレベルでも非個性的な大量消費から個性的文化的消費を担う『文化創造型生活者』が市場に多数登場してくるようになり、流通においても大量流通を担うマスメディアから双方向のソーシャルメディアを中心としたものに変化する。この結果として、都市の競争要因も資本・土地・エネルギーから、知識と文化、すなわち、創造的人的資本(creative class)に変わり、都市の形も『産業都市から創造都市(ク

リエイティブシティ)』に転換するのである。」(佐々木 二〇一六：二七三)

創造都市についてはこれまで、衰退する都市の再生やまちづくりなどのモデルとして言及されることが多かったが、基本的には、グローバルにゆきわたっている創造経済に促されて立ちあらわれたものと理解すべきである。ちなみに佐々木によれば、この創造都市を理論的に押し上げたのはチャールズ・ランドリーであり、フロリダである。フロリダは創造階級という概念を提示し、創造階級とともに「科学技術の創造性と芸術文化の創造性の相互作用」を基軸に据え、創造都市論を展開している。

†ゲイ文化と都市の寛容さ

このフロリダの創造都市論の起点をなすのが、他ならぬジェイコブズが捉えた多様性である。フロリダは、ジェイコブズが指摘する「多様性こそがイノベーションにとって必要不可欠な要素である」と述べている。そして続けて「都市は単に規模が拡大するだけではない。多面的になると同時に、差異化していく」という(フロリダ 二〇〇九：八三)。ここでいう差異化というのは非排除的だが、かれはむしろ、この差異化をともなう多様性によってクリエイティビティがもたらされることが重要であると指摘する。このクリエイティビティこそが、創造都市論の眼目をなすのである。

ところで創造都市の発展とともに、都市の側にＩＣＴ産業やハイテク産業の集積が見られるが、それとともにボヘミアンやゲイを受け入れる寛容さ、あるいは文化的開放性が存在することが創造都市にとって不可欠であるという。マイノリティを受け入れるこの寛容さ、文化的開放性について、フロリダは次のように述べている。


「ボヘミアンやゲイ人口の多い地域は文化的な参入障壁が低い。ゆえに人種や民族などの垣根を超えて、さまざまな才能や人的資本を引きつけるのだ。芸術家やゲイは、開放的な精神や自己表現に価値を置くコミュニティにも参画する傾向にある。

さらに、芸術家やゲイが社会の主流から外れてきた歴史を紐解けば、彼らが自立心に富んでいると共に、部外者に対して寛容であることがわかる。彼らは一からネットワークを構築し、自主的に資源を集め、組織や企業を自ら設立しなくてはならなかったのである。

こうした多くの理由により、芸術家やゲイが定住した地域は他の地域に比べてイノベーションや企業風土にあふれており、新たな企業を生みやすい状況にある。」（フロリダ二〇〇九：一六五〜六）

これは創造階級という概念とともに、まさに世界的な創造都市ブームの火付け役にもなった主張で、しばしば引用される。フロリダはここで、多様性があり寛容な都市をゲイ指標によって示している。ここでいうゲイ指標とは、ゲイやボヘミアンの人たちが社会でどの程度自由かつオープンに活動しているのかを表す指標であるが、フロリダがゲイ指標が突出している都市として挙げているのがサンフランシスコとボストンである。

フロリダによると、サンフランシスコは長い間、少数派の権利のために闘ってきた歴史をもっている。また女性の権利が社会的に承認されていなかった時代に、いち早く女性の権利獲得のために立ち上がった都市でもあり、今日ではゲイやレスビアンの人たちにたいして先進的な施策を講じている。しかも、高い「ハイテク指標」を示すシリコンバレーと地域的に強い相関性がある。他方、ボストンは同性結婚の合法化をアメリカで最初に認めたマサチューセッツ州の州都であり、MITを拠点とするコンピューター、インターネットおよびバイオ推進都市として名を馳せている（フロリダ 二〇〇九：一六四～五。秋葉 二〇一五：一四七～八）。ちなみに、日本のゲイ指標はどのぐらいになるのであろうか。渋谷区と世田谷区は同性カップルを認める条例を出しているが、ゲイ指標はかなり低いだろう。

†多様性からアクティビティへの転回

ここで少し整理してみよう。フロリダの創造都市論の要をなすのは、都市の持つ寛容さである。都市発展の契機をゲイやボヘミアンに求めるかれの主張は、寛容さを引き立たせるための議論である。換言すれば、ゲイやボヘミアンはフロリダの言う創造階級の写し鏡としてある。繰り返すまでもなく、こうしたフロリダのいう寛容さはジェイコブズの多様性認識から来ているが、これは単なる踏襲ではない。ジェイコブズのいう多様性をクリエイティビティとして「転回」しているところに、フロリダの議論の独自な意義がある。

ところでこの「転回」において水脈をなしているのは、先ほどの佐々木の議論に出てくる「産業都市から創造都市への転換」である。フロリダは『クリエイティブ都市論』の第一部で、グローバル化の進展とともに「フラットな世界」と「スパイキーな世界」が表出しており、創造都市はまさに「スパイキーな世界」の可能性を示すものであると述べている。かれはここで創造都市を「才能が集まる場所」として活写し、そこから湧き上がるクリエイティビティをポジティヴに把握しているが、他方で、熾烈をきわめる創造都市競争の基調音（キーノート）となっているネオリベラリズム的なグローバリゼーションの持つ危うさにも目配りしている。この点について最後に述べておこう。

4　問われる創造都市の地平

†いまなぜジェイコブズなのか

フロリダのいう都市における寛容さとクリエイティビティは、ジェイコブズの多様性認識を起点としながら、創造経済の進展に合わせて展開されたものである。こうしてみると、やはりジェイコブズの影響が非常に大きい。ジェイコブズは『大都市の死と生』で、次のように述べている。

「都市には……趣味嗜好、目的、職業上の利害などが共存する余地があるだけではありません。都市はこうした趣味嗜好や性癖の異なる各種の人々を必要としているのです。」

（ジェイコブズ　二〇一〇：五七）

これは明らかにアクティビティの議論の先駆けをなしている。ジェイコブズはこれに続いて「少数民族や貧困者やのけ者たち」の「存在そのものを、それ自体として安全に貢献する資産」に変える都市街路の可能性についても言及し、さまざまな人びとが交わるなかで「街路の自然の店番とでも言うべき人々の目」、つまり「自然に備わった目」が都市の平穏にとって不可欠なものになっていると指摘している。近隣にいる人びとがただ何となく周りを見渡し「ああ、ああいう人がいるんだ」と把握する。これが「自然に備わった目」である（ジェイコブズ 二〇一〇：四六～五六）。こうした多様性から波及する都市街路の可能性や街路の自然な目はまさに、フロリダの都市の寛容さとクリエイティビティに関する主張の底流をなしている。

九・一一以降、世界的にネオリベラリズム的でポピュリズム的な政策基調が強まるなかで、フロリダの主張する都市の寛容さとクリエイティビティをジェイコブズの多様性認識に立ち返って検証し、再確認することがもとめられているのではないだろうか。

†都市のエロティシズムの喪失

こんにち世界的に右傾化が進み、創造都市間の競争の激化する中で創造都市間／創造都市内の格差が拡大し、「少数民族や貧困者やのけ者たち」にレッテルを貼り、排除する動きが強まっている。そういうなかでジェイコブズがいうような「自然に備わった目」で都市街路をやさしく包み込むのではなく、機械の目で一律に街路を監視する動きが公然化している（この点については、本書第五章を参照）。そして差異を認めず他者を排除する、閉鎖的なセキュリティ都市が拡大・進展している。ここで指摘しておきたいのは、多機能の複合した社会空間としての都市の基盤が崩壊しつつあるということである。つまり、都市から多様なものとの出会いによって生じる「アーバン・ライフ」（ヤング）の妙味が消滅しつつあるのである。

ヤングが「エロティシズム」と総称するもの、すなわち、さまざまな人びととの触れ合いを通して得られるような驚き、興奮、魅惑といった経験も都市では得られなくなっている。つまり「あいつは危ない」といって遠ざけるのではなく、そういう人とコミュニケーションを取ることによってどきどき、わくわくするなどといった経験が都市からは消えつつある。

皮肉なことに、そこでは均一的で小ぎれいな街路が賞賛／賞揚されるようになる。ジェイコブズは、このような動きをどのように見ているのであろうか。おそらくは悪夢と捉えているのではないだろうか。

考えてみれば創造都市はその賑わいとともに、当初からある種の合理性を備えた空間配置（constellation）を帯同してきたのではないだろうか。これはある意味で、創造都市の逆説であるし変奏であるといえるかもしれない。

フロリダは創造都市のもつ能動性を高らかに謳いあげているが、他方でそれが暗転する惧れがあることも指摘している。かれは、創造都市では人びとの間で知性や文化資本、さらに居住場所において格差があることを認め、イノベーションの源泉となる差異化が格差の源泉ともなることを示唆している（フロリダ 二〇〇九）。そして創造都市の要をなす寛容さが、外に向かうベクトルと内に閉じていくベクトルの複雑な交差の上にあることを認めている。たしかに今日、創造都市競争は激しくなり、外に向かうベクトルよりもむしろ内に閉じていくベクトルが前面に立ちあらわれているようにみえる。

いずれにせよ、創造都市を両価的なものとして捉える基本姿勢を維持しながら、より新たな文脈で創造都市のありようを模索することがもとめられているといえよう。最後に、フロリダが自らに投げかける次の問いを引用することによって本章を閉じることにしよう。

「チャンスを求めて移動し続ける者がいる半面、一カ所から動けない者がおり、アメリカ社会はますます二極化していく。はたしてアメリカはこんな現状で、『チャンスにあふれる自由の国』であり続けることができるのだろうか。」（フロリダ 二〇〇九：一一九）

Ⅱ 多様性

インドネシアで刊行されたアジェグ・バリについての研究書(Nengah Bawa Atmadja, Ajeg Bali: Gerakan, Identitas Kultural, dan Modernisasi, Lkis Pelangi Aksara, 2010)

第四章

「美しいまち」と排除の論理——自閉するまちづくりと「異なるもの」

1　ガジャマダ通りの街路整備——「美しいまち」への志向

†「野蛮な時代」のなかで

本章ではまず、ホセ・オルテガ・イ・ガセットの自由主義について言及する。ネオリベラリズムが世界を席巻していくにつれて、いわゆる個人の自己責任ということが盛んに言われるようになり、競争至上主義となっている。オルテガが生きていれば、ネオリベラリズムが世界を席巻しているいまはまさに、以下にみるような「野蛮な時代」であるということになるだろう。

「文明は《キビス》つまり市民という概念のなかに、もともとの意味を明らかに示している。これらすべてによって、都市、共同体、共同生活を可能にしようとするのである。……これらすべては、ひとりひとりが他人を考慮に入れるという、根本的、前進的な願いを前提にしているのである。文明はなによりもまず、共同生活への意志である。他人を考慮に入れなければ入れないほど、非文明的で野蛮である。野蛮とは、分解への傾向である。だからこそ、あらゆる野蛮な時代は、人間が分散する時代であり、たがいに分離し敵意をもつ小集団がはびこる時代である。」（オルテガ 二〇〇二：八九〜九〇）

ところでネオリベラリズムは自由主義を水脈としているが、少なくともオルテガがいう自由主義の本義からは乖離してしまっている。オルテガは自由主義の本義について、次のように述べている。

「それは、隣人を考慮に入れる決意を極限まで推し進めたものであり、《間接行動》の原型である。自由主義とは、公権が万能であるにもかかわらず、公権自体を制限する政治的権利の原則であり、また、公権と同様に、つまり、最強者、多数者と同様には考えず、また感じもしない人々も生きていくことができるように、公権の支配する国家のなかに、たとえ犠牲を払ってでも、余地を残しておくことに努める政治的権利の原則である。

自由主義は……最高に寛大な制度である。なぜならば、それは多数派が少数派に認める権利だからであり、だからこそ、地球上にこだましたもっとも高貴な叫びである。それは、敵と、それどころか、弱い敵と共存する決意を宣言する。……敵とともに生きる!」（オルテガ 二〇〇二：九〇）

このように自由主義は弱い敵と共存することを本旨とするが、いまは弱い敵との共存を拒否する「野蛮な時代」の只中にある。齋藤純一の議論を援用すると、そうした時代には「生の複数性」と「閉ざされていないこと」にもとづく「公共性」が見えにくくなっている（齋藤 二〇〇〇、二〇〇八）。

そこでここではバリで興っているアジェグ・バリ（Ajeg Bali バリ復興運動）に誘われて進められている、州都デンパサールのガジャマダ通りの街路整備を事例として、「野蛮な時代」に潜む病理の構造を炙り出してみたい。

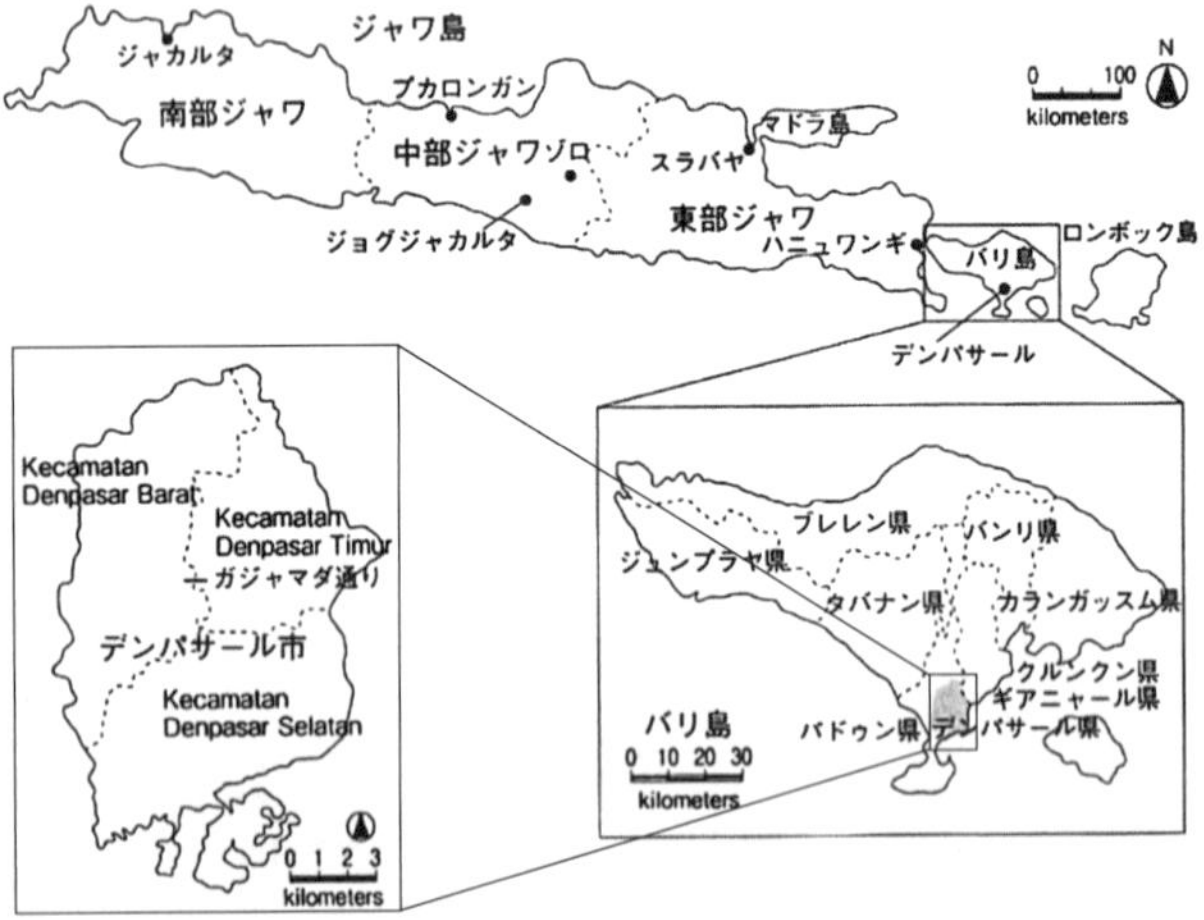

図4-1　ガジャマダ通りの位置

†「場所の消費」が進むなかで

ガジャマダ通り（Jl Gajah Mada）はインドネシア共和国バリ州の州都デンパサール（Denpasar）の西デンパサール区のほぼ中心部に位置し、全長七二六メートルに及んでいる（図4－1）。この通りはバリで最も有名なププタン広場（Puputan Square）に隣接し、東側には市庁舎と銀行が立ち並び、ほぼ中央にはバリで最大規模を誇るバドゥン市場（Badung Market）がある。通りのあちこちにはオランダ植民地時代の建物が残存し、歴史的街並みとしても有名である（図4－2）。この地区はトゥカド・バドゥン（Tukad Badung）川をはさんで東側はニュー・ガジャマダ地区、西側はオールド・ガジャマダ地区と呼ばれている（図4－4）。そしてプムチュタン・カジャ村（デサ）とダウプリ・カジャ村から成り、典型的なダウンタウンを構成している（Dinas Tata Kota Pemerintah Kota Denpasar 2006）。ちなみに、ここでいうデサは集落に近い。ここには古くからインド系ムスリムの敷布・織物の小売商が集住し、市街地を形成してきた（図4－3は一九二〇年代当時のガジャマダ通り）。

図4-2（上）　オランダ植民地時代のガジャマダ通り（国立公文書館所蔵）
図4-3（下）　1920年代のガジャマダ通り（国立公文書館所蔵）

　デンパサール市民は長年、ガジャマダ通りに足を運び、衣食住に必要なものをまかなってきた。ここはデンパサール市民のみならずバリっ子にとって、自慢の場所である。ガジャマダ大学とデン

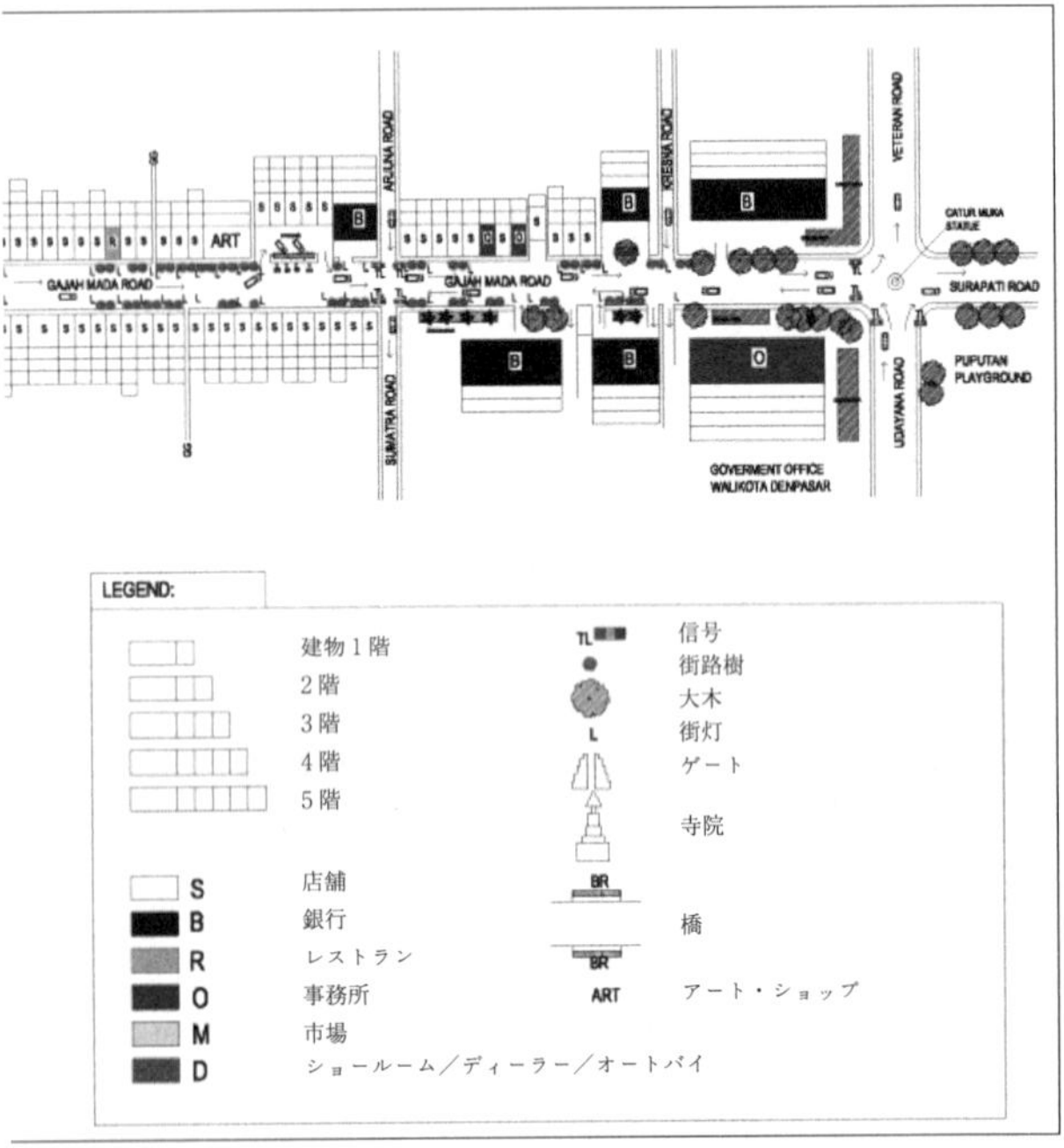

パサール市都市計画局の合同チームが二〇〇六年六月に実施したアンケート調査結果によると、ガジャマダ通りの店舗所有者は一一一人で、そのうち四二人が開業年について回答している。

その内訳は「一九六〇年以前」一人、「一九六〇年代」六人、「一九七〇年代」一五人、「一九八〇年代」一四人、「一九九〇年代」四人、「二〇〇〇年代」二人となっている。また八三人が店

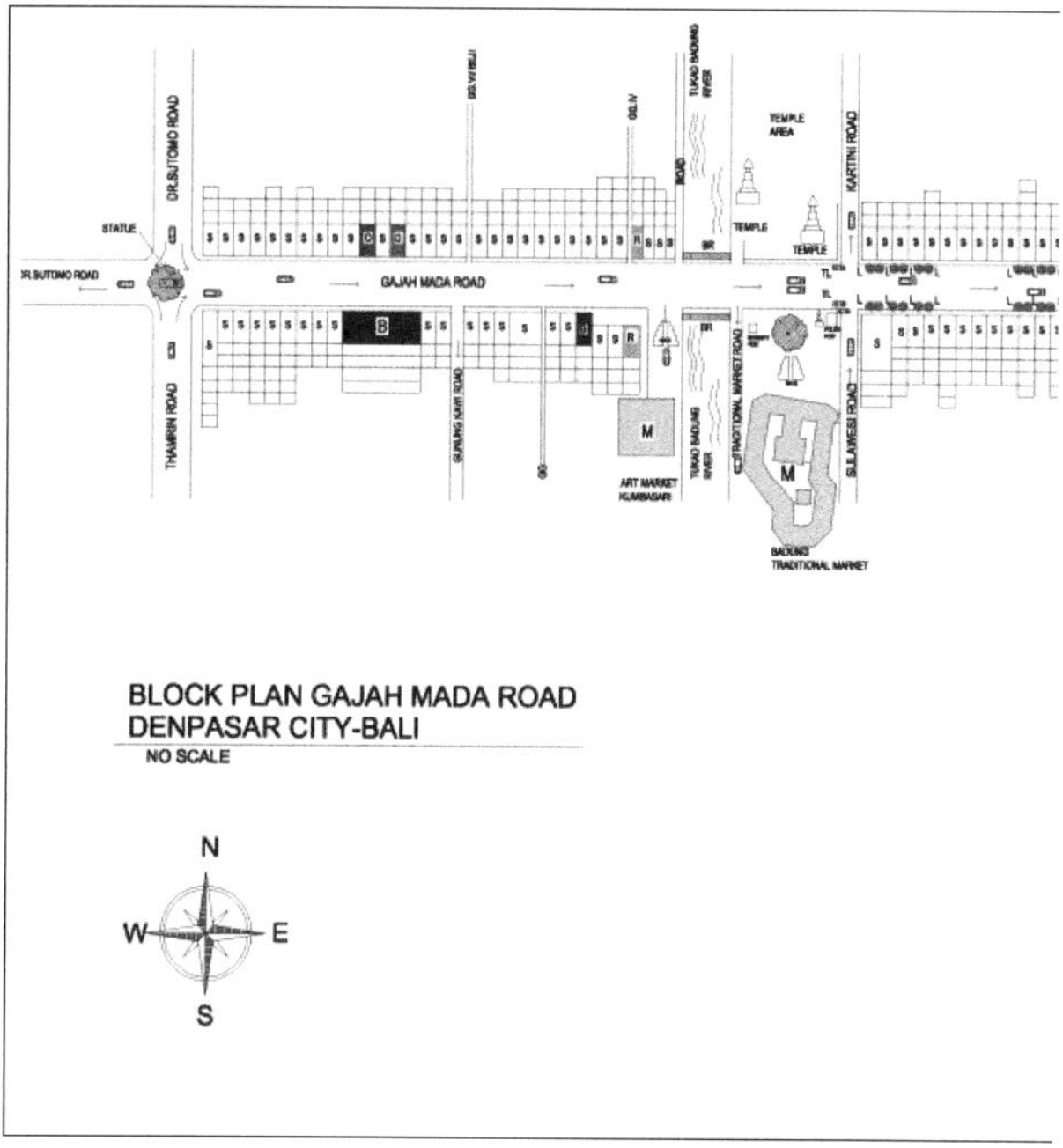

図 4-4　ガジャマダ通りの建造環境

舗面積について回答しており、その内訳は「一〇〇平方メートル未満」五人、「一〇〇〜二〇〇平方メートル」六人、「二〇〇〜三〇〇平方メートル」二三人、「三〇〇〜四〇〇平方メートル」二七人、「四〇〇〜五〇〇平方メートル」九人、「五〇〇平方メートル以上」一三人となっている(Dwijendra and Yudantini 2007: 65)。

　中規模の地域にそこそこ根をおろした個店の立

ち並ぶ商店街としての特徴があらわれている（図4－4参照）。

ガジャマダ通りはダウンタウンとしての賑わいを維持しながら街（ストリート）として発展してきたが、一九九〇年代に入ってから大きく変化する。この頃から、バリ自体がグローバル・ツーリズムの波に呑み込まれグローバル・ブランドとして急成長を遂げ、もはやかつてのバリではなくなった。リゾート開発の進展と相まって州都デンパサールにモノ、ヒト、コトが集中し、あっというまに人口四〇万人を優に超える大都市になったのである。

ちなみに、表4－1にしたがって、一九九五年から二〇〇四年の人口推移をみると、デンパサール市は二二パーセント増となっており、リゾート地を抱えているバドゥン県の二七パーセント増とともに高い増加率を示している。それとともに、かつては市民／州民の買い物の場・憩いの場だったガジャマダ通りは海外のツーリストのまなざしにさらされる場となった。ジョン・アーリに倣っていえば、「場所の消費」の場となったのである（アーリ 二〇〇三）。最近ではASEANサミットなどがバリで開催されたため、半ばコンベンション・シティのようになっており、二〇〇二年と二〇〇五年には爆弾テロ事件が起こり、多くの犠牲者を出している。

ところでデンパサールにおける人口都市化の進展は中心市街地の過密化をもたらしたが、人口都市化にたいしては何ら公的な規制がなされてこなかった。そのためヒトとモノが許

県・第2級自治体	1985年 人口	1985年 世帯	1990年 人口	1990年 世帯	1995年 人口	1995年 世帯
ジュンブラナ	199,738 (95)	41,058 (82)	207,234 (98)	45,898 (91)	210,958 (100)	50,177 (100)
タバナン	347,052 (93)	70,495 (81)	349,115 (93)	75,542 (86)	373,226 (100)	87,456 (100)
バドゥン	539,236 (191)	98,270 (167)	586,888 (208)	111,461 (189)	282,548 (100)	58,828 (100)
デンパサール	–	–	–	–	364,419 (100)	74,082 (100)
ギアニァール	312,584 (91)	59,608 (85)	321,578 (93)	62,102 (89)	344,158 (100)	70,037 (100)
クルンクン	152,588 (95)	29,018 (93)	154,563 (96)	29,349 (94)	161,366 (100)	31,150 (100)
バンリ	166,840 (88)	34,094 (80)	173,065 (91)	38,066 (90)	189,879 (100)	42,527 (100)
カランアッサム	326,920 (94)	67,030 (89)	339,545 (97)	71,922 (95)	349,415 (100)	75,733 (100)
ブレレン	513,521 (93)	109,226 (89)	524,661 (95)	120,239 (98)	552,057 (100)	123,200 (100)
計	2,558,479 (90)	508,799 (83)	2,656,649 (94)	554,579 (90)	2,828,026 (100)	613,190 (100)

県・第2級自治体	2000年 人口	2000年 世帯	2002年 人口	2002年 世帯	2004年 人口	2004年 世帯
ジュンブラナ	215,594 (102)	56,304 (112)	217,890 (103)	62,798 (125)	221,316 (105)	66,741 (133)
タバナン	383,121 (102)	95,959 (110)	390,971 (105)	97,471 (111)	397,673 (107)	100,206 (115)
バドゥン	318,064 (113)	72,196 (123)	341,985 (121)	78,180 (133)	358,311 (127)	83,458 (142)
デンパサール	398,932 (109)	84,876 (115)	427,722 (117)	96,635 (130)	446,226 (122)	99,612 (134)
ギアニァール	367,805 (107)	77,771 (111)	373,239 (108)	79,354 (113)	379,005 (110)	82,861 (118)
クルンクン	165,043 (102)	34,833 (112)	166,552 (103)	36,161 (116)	170,092 (105)	35,824 (115)
バンリ	198,579 (105)	47,527 (111)	199,268 (105)	48,037 (113)	210,103 (111)	50,306 (118)
カランアッサム	369,320 (106)	86,767 (115)	384,208 (110)	89,208 (118)	389,576 (111)	93,319 (123)
ブレレン	582,312 (105)	136,819 (111)	588,662 (107)	143,575 (117)	607,616 (110)	148,963 (121)
計	2,998,770 (106)	693,052 (113)	3,090,497 (109)	731,419 (119)	3,179,918 (112)	761,290 (124)

表 4-1　バリ州の人口都市化（県別）

注）表中の（）内の数字は、1995年を100とした場合の指数をあらわしている

出所：Statistik Bali 1985, 1990; Bali Dalam Angka 1995, 2000, 2002, 2004より作成

容量を越えて行き来するようになり、慢性的な交通渋滞とともに犯罪が多発するようになった。こころみに、バリ中部にあるウブドに目を移すと、そこは芸術の村として知られ、静かなよいところだったが、グローバル・ツーリズムの波に呑み込まれて交通渋滞が深刻化している。ガジャマダ通りはその先駆けをなしているわけだが、先ほども述べたようにダウンタウンとしてのたたずまいを保持していたマチがすっかり壊れ、機能麻痺寸前の状況に陥っている。そしていまや、プレマン（やくざ）のような人びとが徘徊するようになり、治安が悪化している。

このことはガジャマダ通りを拠点とする小売商たちにとっては、営業の基盤が掘り崩されることを意味していた。しかしそれ以上に、ガジャマダ通りをグローバル・ブランド化の目玉にしようと考えていたデンパサール市当局にとっては看過できないことであった。そこでゼロ・トレランス型の安全安心のまちづくりを中心的なテーマとする都市構造再編（urban restructuring）／都市再開発が構想されることになった。そしてその一環として、ガジャマダ通りを「美しいまち」にする行政主導の街路整備が始まったが、それがアジェグ・バリ（バリ復興運動）と結びつき、結果的には「閉じて守る」まちづくりになってしまったのである。

†街路整備計画の発表

街路整備は二〇〇八年六月、デンパサール市開発計画局が街路の再開発の一環として植樹計画を発表したことから始まった。この計画はデンパサール市を「昔の自然の多いバリ」に戻すという当時の市長（現・バリ州副知事）の文化都市構想（Kota Budaya）の下に発案されたが、その主眼はガジャマダ通りに「緑」を取り戻し、トゥカド・バドゥン川を清流にすることに置かれた。当時、トゥカド・バドゥン川は人びとが捨てたプラスチックごみによって流れがせき止められて、どぶ川になってしまっていた。

この都市文化構想には、グローバル・ツーリズムに乗っかりながら、その「影」の部分にも対応するといった意図が見え隠れしていた。それはその後、コンパクトシティ構想へと継承されていった。ここであらためて注目されるのは、計画の遂行にあたり、先ほども言及したが、ガジャマダ大学とデンパサール市都市計画局の合同チームが街路の整備のあり方を問うアンケート調査を行ったことである。実はこの調査結果にもとづいて、ビジネス・センターとしての機能を保持するとともに歴史的街並みを維持するために「駐車場の場所の確保」、「渋滞を緩和するための交通規制」、「歩行者専用道路の整備」、「景観（看板、建物等）の保全・規制」、「屋台（kakilima）、ホームレスの取り締まり」などが、ローカル・

イニシアティヴの下で、すなわちコミュニティ主導で遂行されるべきであることが提言された（Dwijendra and Yudantini 2007: 70）。

この提言は明らかに植樹計画をフォーマルに打ち出すための伏線を成していたが、ほとんどの店舗所有者たちは植樹をそれほど望んでいたわけではなかった。実際、先ほどのアンケート調査では街路整備の一環として「緑を多くする」という回答肢が設けられたが、「イエス」と答えた者はほとんどおらず、全体の八・五九％に留まっていた。地元の人たちは地域の緑化にそれほど関心がなく、「駐車場を確保してくれるなら街路整備は認めてもいい」という消極的支持派が多数を占めていた。

このように植樹計画は地元住民／店舗所有者からの要請があったわけではなく、むしろそこから乖離したところから始まったのである。したがってこれがガジャマダ通りの活性化／再生につながらなかったのは、ある意味で予想されたことであるといえる。

†街路整備の展開──相反する地元コミュニティ

さて植樹は二〇〇八年一二月から二〇〇九年三月にかけて実施された（図4-5）。具体的には舗道に煉瓦を敷くと同時に、老朽化して街の景観を損ねていると市当局が判断した建物を撤去した（図4-6）。ちなみに、日本ではこのようなことを短期間に行うことはまず不可能であろう。

ここで思い浮かぶのは、ジャカルタのスカルノ・ハッタ国際空港の近くにあった、インドネシアでも最大規模のスラム地区のことである。インドネシア政府はなるべく早くこれを撤去しようとしたが、特にNGOなどが強く反対してなかなか実現しなかった。ところがそれがある時一晩で撤去され更地になってしまった。地元の人に聞くと「燃やしてしまった」という。いわゆる開発独裁体制の下ではよく耳にする言葉であるが、実際、マニラなど、東南アジアのメガ

図4-5（上） 植樹作業（デンパサール市都市計画局所蔵）
図4-6（下） 建物の撤去作業（デンパサール市都市計画局所蔵）

シティではしばしば起こっていることである。

いずれにせよ、ニュー・ガジャマダ地区を対象にする街路整備はかなり短期間で実施されたが、ニュー・ガジャマダ地区とオールド・ガジャマダ地区の間に駐車場をつくるという計画は手つかずのままであった。店舗所有者は駐車場の確保を条件として植樹計画を認めたが、結局それは実現しなかった。

この街路整備は公式にはガジャマダ通りを管轄する二つの集落(バンジャール)、すなわち通りの北側を占めるワンガヤ・クロド集落(Banjar Wangaya Kelod)と南側を占めるティティ集落(Banjar Titih)の承認の下に、デンパサール市都市計画局によって推進されるという「かたち」を取った。つまりコミュニティの「承認」を取り付けることによって、ローカル・イニシアティヴ型の都市再開発を展開するというシナリオに沿って行われたのである。

しかしワンガヤ・クロド集落とティティ集落とでは、行政による集落/コミュニティの「承認」の取り付け方が大きく異なっていた。行政の対応はきわめて巧妙であり、二つの集落の違いを認識しつつ、異なった「承認」の取り付け方をしたのである。

†コミュニティの二元的構成と計画「承認」のかたち

ここで、バリの集落（バンジャール）について少し説明しておく。バリの地方制度はディナス（行政）とアダット（慣習）の二元構成である。そして村（デサ）は慣習村（デサ・アダット）と、行政村（デサ・ディナス）から成る。バリは神々の島といわれ、バリ・ヒンズーのもとにさまざまな儀式がある。そういった象徴的なマターを取り扱うのが慣習村、婚姻・出生・死亡などの届け出、人口登録にかかわるのが行政村で、その下に属するのが集落（バンジャール）である。これは日本でいう町内会にあたるものであるが、慣習集落（バンジャール・アダット）と行政集落（バンジャール・ディナス）から成る。この分化（二元化）は、オランダの植民地政府がアダットを制度の外に置いたことに由来する（吉原 二〇〇八）。ちなみに、ここで登場しているワンガヤ・クロド集落もティティ集落も慣習集落である。

さてここで話を元に戻すが、それではコミュニティ・ベースド（community based）の街路計画という名の下に、実際にどのようにして二つの集落において承認を取り付けたのであろうか。

まずワンガヤ・クロド集落（二〇一〇年三月現在、四五〇世帯）では、デンパサール市当局から植樹計画が打ち出されたときにいち早く反対した。そこでデンパサール市長は直接集落に働きかけをせず、民間企業に交渉を依頼した。民間企業はこれを受けて集落長（クリアン・バンジャール）および村長（クリアン・デサ）と会談した。集落長と村長はいずれも計画に反対したが、民間企業は市長に集落・村の意向を伝えず、逆に市の意向を「もはや変わることはない」として集落・村に押し付けた。これと並行してデンパサール市当局は集落を通さず、店舗所有者たちに直接、説明会に出るよう要請した。これにたいして、説明会と言っても店舗所有者たちの意見を聞くわけではなく、一方的に計画の遂行を告げるだけであると考えた店舗所有者たちは、出席すると計画を認めたことになるということで説明会には出席しなかった。ところが市当局は、この拒否／無視を地元が計画を「承認」している証であると解釈した。

他方、ティティ集落（二〇一〇年三月現在、三四〇世帯）では、日常的に集落長と前市長との関係が親密であったため、植樹計画を提示された時、集落長はすぐに受け入れた。ちなみに、われわれのヒアリングで、かれは「前市長が推し進める文化都市構想が進展すれば、植樹計画がガジャマダ通りの再生／活性化につながる。だから植樹計画を受け入れた。」と述べている。しかしかれはその決断をするにあたり、コミュニティを通していない。ここでは前市長と集落長の間で培われてきた政治的なコネクションが、計画受け入れにきわめて有効に作用したのである。

この植樹計画をめぐる地元コミュニティの対応を見ると、一方では反対（無視）し、他方では賛成している。それにたいして市当局は一方ではリーダーの意向を巧みに回避し、他方では地域権力構造（community power structure）を組み込むことにより、結果的に集落／コミュニティの「承認」を取り付けることに成功している。市当局はコミュニティの「承認」により行政が植樹を行うのであるから、これはコミュニティ主導のものであると主張している。つまりこれはローカル・イニシアティヴ型都市再開発そのものである、とプロパガンダしているのである。

図4-7　植樹後のガジャマダ通り（撮影：筆者）

†「美しいまち」への店舗所有者のまなざし

植樹をメインとする街路整備により、何もないところに木が植えられ、煉瓦で舗装された（図4-7）。しかしこれがガジャマダ通りの活性化／再生につながっているかというと必ずしもそうではなく、むしろ衰退しているともいえる。

たしかに植樹はガジャマダ通りに「緑」をもたらしたが、店舗所有者にしてみれば、その「美しいまち」は自分たちの望むものとはまるで違っていた。

かれらは往時の「にぎわいのあるマチ」の再来を期待していたが、買い物客は植樹前に比べて半減してしまった。祖父の代からここに店舗を構えるTさんは、「バリ人は車とかバイクなどを使って買物をする。しかし駐車場が確保されず、さらに植樹によって通りから店の様子が見られなくなったために客が大幅に減ってしまった」という。実際にガジャマダ通りを通ってみると、シャッターを下ろしたままの店が多くなってきている。

しかも上位計画である文化都市構想自体が頓挫しており、進捗していない。ではいったい、この植樹計画・街路整備は何だったのか。在来市場がなくなり、大規模な駐車場を備えたショッピング・モールやショッピング・センターがあちこちにできると、人びとはダウンタウンのガジャマダ通りではなくそちらに流れていく。またヨーロッパの大手のショッピング・センターや日本の大型店も進出しており、そこも多くの人で賑わっている。

コミュニティ主導、ローカル・イニシアティヴといいながら街路整備・植樹を行ってきたが、どうもそれがうまくいっていない。むしろここに来て、街路整備・植樹の隘路がはっきりしたかたちで現れている。

2　アジェグ・バリと自閉するまちづくり

†街路整備＝「美しいまち」づくりとガバナンスのかたち

「コミュニティ、店舗所有者、行政などさまざまなステイクホルダーのコラボレーションにより、ローカル・ガバナンスにもとづいて行う。」—街路整備は公式にはそのような名目で始まった。そして地元商店街・行政・大学のコラボレーション（協働）を基軸として、集落（バンジャール）というコミュニティがイニシアティヴをとるというかたちで進められた。ここでは「内から」のまちづくりという「かたち」を取っており、「横並び」と「内から」をメルクマールとする街路整備がうたい文句であった。しかしそれは作りごと（フィクション）であった。実態としては、コミュニティを巧みに動員した行政主導のまちづくり（街路整備）であったのである。

街路整備は事実上「緑」というイッシューに特化して行われた。ところが先ほども述べたように、店舗所有者は「緑」などにはあまり関心がなく、むしろ駐車場をもうけてより多くの買い物客が来ることを望んでいた。が、街路樹でかえって自分たちの店が見えなくなってしまった。いずれにせよ、ガジャマダ通りの街路整備ではステイクホルダーの間で調整がなされず、緩やかな合意すら得られなかった。つまりここではガバナンスがほぼ作動しなかった。というよりはむしろ、ガバメントとしての性格を色濃く留めるものであったといえる。

†アジェグ・バリと共振する街路整備＝「美しいまち」づくり

そもそも文化都市構想の一環として街路整備、植樹計画を位置づけること自体、ガバメント（統治）としての要素を含むものであったが、地元メディアはこれをどのように報じていたのであろうか。ひとことでいうと、「バリ・ポスト」紙など、地元で大きな影響力を持つメディアは一貫して、それを「コミュニティ主導の街路整備」であると称揚している。実はそのことと相まって、「バリ・ポスト」紙は、この街路整備においてもうひとつ重要な役割を果たしている。それがアジェグ・バリである（Yoshihara 2010）。

ガバナンスとしての装いをまといながら、実質的にはガバメントとして機能した「美しいまち」づくりにおいてあらためて注目されるのは、それが「古きよきバリを守れ！」と唱和するアジェグ・バリの運動と共振していたことである。共振することによってガバメントとしての性格がいっそう強まることになったのである。

さてアジェグ・バリは一九九〇年代、とりわけ後半に入って「バリ・ポスト」グループが担い手となって広範囲に見られるようになったものである。それはバリの伝統の保持を求める運動で、当初は小学校でバリ語を正規科目にすることを目指す運動として始まった。

つまり近年、バリに住む子どもたちにとってバリ語はほとんど死語に近いものになっており、そうした状態を見据えて小学校からバリ語をきちんと教える必要性を訴えて立ち上がったのである。しかしその後、徐々に運動自体の性格が変わるようになった。

†キプムの大量流入

ここであらためて指摘したいのは、グローバル・ツーリズムの進展とともに、ムスリムのキプム（KIPEM：Kartu Identitas Penduduk Musiamn）という出稼ぎ労働者がバリ社会に強制的に導入され、それに伴って新たなエスノスケープが出現したことが、上述したアジェグ・バリ拡大の背後要因となっていることである。

たとえば、プラというバリ・ヒンズーの寺院のすぐそばにモスクができる。あるいはカキリマ（移動式の屋台）が乱立する。もともとバリには屋台で食事をする習慣がなかったが、ジャワからムスリムが流入してくると、かれらの食事をまかなうためにカキリマがあちこちに出現する。そしてヒジャブ（hijab）をかぶった女性が増え、書店ではコーラン関連の書籍が所せましと並ぶようになる。最近では読まなくてもいいようにカセットに収録したものも売られており、そのような店に人だかりができている。

それではキプムはなぜバリに入ってきたのであろうか。バリはもともと一年に五回コメを収穫することができるほど豊かな稲作地帯であったが、農業の新たな担い手として期待されている地元の若者たちが非農業的な職業に就いている。グローバル・ツーリズムの進展とともにホテルやレストランの従業員が足りなくなり、地元の大学や専門学校を出た若者たちがそこに就職するようになった。またホテルやレストランをつくるにはインフラを整備しなければならないが、地元の人たちはそういった建設労働には就かない。そのため、ジャワから来た出稼ぎ労働者が農業労働や建設労働に従事するようになり、その数が急速に増加することになったのである。

†アジェグ・バリの変貌

そのような動きのなかで、アジェク・バリの性格が変わってくる。二〇〇二年一〇月一二日に起きた爆弾テロ事件では二〇二人が犠牲となったが、これを契機にアジェグ・バリは新たなウェーブをともなってバリ社会を席巻することになった。それまでは「子どもたちにバリ語を教えよう」というスローガンを掲げていたが、一〇・一二以降は明確に社会的かつ政治的なスローガンを掲げて展開するようになった。そして二〇〇〇年代後半になるとグローバル・ツーリズムがもたらした影の部分を「悪」とみなし、それを排除することに運動の主眼が置かれるようになる。ここでの「悪」とは主要には環境破壊や格差の拡大であるが、ジャワからの一時滞在者であるキプムもまた「悪」と位置づけ、県によってはカキリマを非合法化する条例を制定するようになる。さらにはコミュニティ（バンジャール）が率先してシダック（sidak）という抜き打ち検査を行い、許可証を持っていないキプムを警察に通報する。しかも、世論がこういった動きを支持しているのである。

こうしたアジェク・バリの動向はまぎれもなく、「バリ社会へのイスラームのインパクトの増大」にたいする既存社会のリアクションの一つとしてある。ゼロ・トレランスからセキュリティの「過剰化」に至るこうした動きは、ネオリベラリズムに誘われたグローバリゼーションの主潮に共振している。

長い間、バリは「ヒンズーの島」といわれてきたが、バリ社会自体は「外に開かれた性格」を持っていた。ところが現在、バリ社会ではアジェグ・バリと響き合うなかで単一の地域文化を求める動きが強まっている。これはインドネシアの国是である「パンチャシラ・デモクラシー」から明らかに逸脱している。ガジャマダ通りの街路整備はまさにそうしたものとしてあり、一方で「昔の、自然の多いバリ」、「古き、よきバリ」を求め、他方ではキプムの「侵入」から自分たちを守ろうとしている。つまり「異なるもの」にたいする非寛容（ゼロ・トレランス）を貫くまちづくりとなっているのである。

なお近年、「公正で文化的な人道主義」を目指す「指導される民主主義」、すなわち「パンチャシラ・デモクラシー」が大きくゆらいでいる。インドネシア各地でムスリムの原理主義化に加えて、カソリックやプロテスタント、さらにバリ・ヒンズーなどの自己呈示の動きが目立っており、社会の分散化が進んでいる。まさにポスト「パンチャシラ・デモクラシー」の時代を迎えているのである。それはいうまでもなく、「パンチャシラ・デモクラシー」の亜流でもなければ、多文化主義（multi-culturalism）の「歪曲」でも「反転」でもない。

さて先にカキリマの排除およびシダックの強行について言及したが、あらためて指摘したいのは、店舗所有者や集落民が時としてプレマンを使いながら、そうしたことに主体的にかかわっていることである。かれらは明らかに、行政とともに「美しいまち」の共奏者としてアジェグ・バリを担ったのである。そのこと自体、グローバリゼーションとともに進んだローカル化の屈曲した性格を色濃く反映しているが、とりわけ一〇・一二以降、ネオリベラリズム的なグローバリゼーションの共鳴板のようになっている。だからそれはローカルな動きではあるが汎世界的な局面を強く併せ持っていると言える。

†自閉するまちづくり

いずれにせよこうしてみると、ローカル・イニシアティヴ型の都市再開発は「絵に描いた餅」に終わっていると言わざるを得ない。すでに言及したように、ガジャマダ通りの街路整備はローカル・イニシアティヴにもとづくものではなく高度に統合的であり、上からのガバメントに馴致したものとなっている。コミュニティ主導というよりはコミュニティを上から動員するものであるという点で、これはアジェク・バリと響き合っている。

ローカル・イニシアティヴは多様な利害（ステイク）のせめぎ合いを前提とするが、みてきたガジャマダ通りの街路整備の場合、行政はエージェント（代理人）やコミュニティ・リーダー（集落長）などを介してそれを前もって「調整」してしまっている。そしてアジェグ・バリと連動することにより、「異なるもの」を排除するような動きが顕著にあらわれている。結局、ガジャマダ通りの街路整備では多様な利害（ステイク）のせめぎ合いを保障する、外に開かれたガバナンスは実現されなかったのである。

ちなみに、ローカル・ガバナンスがガバメント的な要素を持つことはしばしば指摘されてきたことである。たとえばデイヴィッド・ハーヴェイは「ネオリベラリズムとガバナンスは一体である」と述べている（ハーヴェイ 二〇〇七）。ハーヴェイの指摘によるまでもなく、ネオリベラリズムの下ではガバナンスはガバメントに回収されがちであり、ガジャマダ通りの街路整備もそうした性格を色濃く帯びていた。

第一章でも触れたようにエルネスト・ラクラウとシャンタル・ムフは「節合」（articulation）という概念を提示している。かれらは、ある一つの主体が「特権的主体」としてあるのではなく、関連する諸主体がそれぞれのアイデンティティを変容させつつ、異なった地点から「集団意思」（collective will）を構成するときにみられる作動原理を「節合」（articulation）と呼んでいる（ラクラウ&ムフ 一九九二）。ガジャマダ通りの街路整備はそうした「節合」に根ざすものではなく、新たなガバメントにもとづく自閉するまちづくりであったのである。

3 「弱い敵」との共存に向けて

†「弱い敵」なしに成り立たない日常生活

これまで見てきたように、ガジャマダ通りの街路整備は「自閉するまちづくり」の範型となっており、多様な利害（ステイク）のせめぎあいを保障する外に開かれたまちづくりからは明らかに乖離している。あらゆる人びとに「席」＝「場所」が設けられているのが「公共的空間」の特質であるとするならば、ガジャマダ通りの街路整備はそこから最も遠いところにある。したがって本章では、「内発的な都市再開発」（バリ・ポスト紙）がガバメントの機制に回収されていく過程を見てきたが、ここで最初の地点に立ち戻り、この街路整備が意味することを確認してみたい。

ガジャマダ通りの街路整備で立ち現れる「弱い敵」はキプムであり、かれらの生活機会を底辺レベルで支えるジャワ人である。こうした「弱い敵」との共存を拒否することから始まるところに、ガジャマダ通りの街路整備の最大の特徴がある。共存を拒否された「弱い敵」、キプムはハンナ・アーレントのいう「見棄てられた境遇」に追いやられ、「余計者」となる。アーレントはこうした「見棄てられた境遇」の「余計者」を次のように述べている。

「見棄てられていることとは……根を断たれた、余計者の境遇と密接に関連している。根を断たれたというのは、他者によって認められ、保護された場所を世界にもっていないということである。余計者ということは、世界にまったく属していないことを意味する。」（アーレント 一九七四：三二〇）

ガジャマダ通りの街路整備ではこうした「余計者」が数多く生み出され、かれらは「市民」であることを否定された。ヨーロッパでは一九八〇年代から「差異論的人種主義」が吹き荒れ、社会の最底辺／周辺において「二級市民」と呼ばれる人びとが累積していった（斎藤・岩永 一九九六）。

バリでは「弱い敵」を市民権（居住権）すら認めず拒否しているが、そうした切り捨てに伴って綻びが生じている。まず店舗所有者が求める「にぎわいのあるマチ」は、「異なるもの」にたいする非寛容（ゼロ・トレランス）を貫くまちづくりの延長線上では実現されない。たしかに、デンパサール市内の随所で「美しいまち」の典型をなすようなゲーテッド・コミュニティが立ち現れているが、まちの再生／活性化につなげていくためには「異なるもの」がせめぎ合う雑多な賑わいが必要である。だが、実際にはそうなっていない。そのため海外から多くのツーリストがガジャマダ通りを訪れても（実際、訪れているが）、そうした賑わいがないため、グローバル・ツーリズムの進展に欠かせない「場所の消費」につながっていかない。

こうした賑わいを最も底辺のところで担い、支えているのはキプムであり、かれらを取り囲む「異なるもの」たちである。カキリマの追放に加担しつつ、それ自体が自らの足元を掘り崩していることに多くの店舗所有者たちは気づき始めている。他方、地元の集落民の多くは当初は街路整備に反対であったが、トップヘヴィの組織構成の下で正当に意思を表明する回路を持てないまま、コミュニティの街路整備の「承認」のために動員され、事実上、アジェク・バリを下支えすることになった。ところがその後、遅まきながら、コミュニティのシダックへの加担が自分たちの雇用の基盤を根底のところで危うくしかねない要素をはらんでいるということに気づくようになった。二つの集落民の大半は公務員やホテル、レストランの従業員、あるいはサービス業従事者であり、底辺職種に就いているキプムの支えなしに自分たちの日常生活が成り立たないことにうすうす気づき始めている。

†外に開かれたメンバーシップ

「弱い敵」との共存の拒否は、グローバル・ツーリズムがネオリベラリズムと深く響き合う場面で表出したものであるが、いまやそれがグローバル・ツーリズムそのものを否定しかねないことになっている。そうしたなかで「弱い敵」を排除するのではなく、むしろ包摂するような街路整備のあり方が模索されるべきではなかったのかという認識が立ちあらわれ、それとともに「市民」であることの要件を問い直そうという動きが一部市民の間から出てきている。重要なのは、その場合に「市民」であることの難しさが再認識されるとともに「市民権」を「居住権」の文脈で理解する動きがみられることである。「弱い敵」が居住権を行使することができるような「公共的空間」をストリート・コミュニティにどう埋め込むのか。そのために店舗所有者、バンジャールの住民が外に開かれたメンバーシップをどのようにして確立していくのか。それが大きく問われるようになっているのである。

バンジャールがクリフォード・ギアツのいう「多元的集団構成」(Geertz 1963) の裡に育んできた「外に開かれた性格」をいかに現代化し、継承していくのか。グローバル・ツーリズムはこうしたものを根こそぎにしてきたように見えるが、社会の基層においてなおも生き続けている。バンジャールがもつ「外に開かれた性格」が、上述のメンバーシップの確立にどのように引き継がれているのか、あるいは引き継がれていないのか。このことについて考えることはきわめて重要である。

複層的で多相的な社会構成のあり方が、「市民」であることの要件の構成に及ぼす影響にははかり知れないものがある。ここで「市民」であることの難しさにたじろぐのではなく、バリのコミュニティがもともと持っていた「外に開かれた性格」を現代化しながらいかに継承していくのかを検討し、そしてその上で「市民」であることの多様な可能性について考えることがもとめられている。

冒頭でも述べたように、いまはオルテガ流にいえば未曾有の「野蛮な時代」であるが、そのような時代であればこそ「弱い敵」との共存について考えていかねばならない。本章で取り上げたアジェグ・バリが、グローバル化の進展とともに立ち現れたローカリティの屈曲した位相を多少とも示していることはほぼまちがいない。グローバル化がもたらした傑出した成果のひとつが普遍主義としての多文化主義であるとするならば、アジェグ・バリはそれを特殊性の水準においてとらえかえしたものであるといえよう。

グローバル化の進展によって「境界」や差異が消滅してしまうことに危機感を募らせ、自分たちの文化が移民（キプム）の「侵入」によって不純なものになっていると考える。そこで文化の伝統を守るために異文化を排撃しようとする。アジェグ・バリはそのようなコミュニティの動きとして注目することができる。そしてそこにコミュニタリアンが熱く語る「古きよきまち」とゼロ・トレランスの思想に導かれた「美しいまち」とが響き合う、自閉するまちづくりの一つの「かたち」をみて取ることができよう。

第五章

安全・安心――コミュニティの虚と実

1　ボーダーレス化と安全神話の崩壊

†「第二の近代」におけるコミュニティ

現代は人びとの安全安心が担保できない時代といわれる。世界的にいつテロが起きるかわからない状況にあり、その場合は不条理な死を覚悟しなければならない。そういう意味において、私たちは死と隣り合わせの世界を生きている。

次章で詳しく述べるが、ウルリッヒ・ベックは近代がどのような社会であるのかを、「第一の近代」と「第二の近代」という概念を用いて説明している（ベック 二〇一一）。ベックによると、「第一の近代」では国民国家、家族、会社がそれぞれ固有の境界を設け、そのなかで安全安心が保たれたが、「第二の近代」ではそれらが大きく揺らぎ、個人化が進んでいく。そうすると「第一の近代」の場合のように安全安心を担保することは困難となり、たちまちリスクに直面することになる。個人化が進めば進むほどそのような事態に陥りがちになり、大きな不安を抱いて生きていかなければならなくなる。

　こうして「第二の近代」においては安全・安心がきわめて重要なイッシューとなる。それでは、そうした状況下でコミュニティはどのような役割を果たすのであろうか。コミュニティはガバナンスの橋頭堡として機能し、安全安心を担うことができるのであろうか。

　このことについて考える場合、グローバリゼーションの進展とともに統治のあり方が大きく変化しつつあることを踏まえる必要がある。ちなみに、この間、統治のありようをガバナンスという言葉で説明することが一般的になっている。もともと統治（ガバメント）とガバナンスは別のものである。しかしネオリベラリズム的なグローバリゼーションの下でガバナンスがまさにガバメントの再編として現れてきている。そしてネオリベラリズム的なガバナンスが進展していくにつれて競争的環境はさらに熾烈なものとなり、共同体主義をも取り込んでいくようになる。こうしてネオリベラリズム自体がウイングを広げていくなかで、コミュニティは重要な役割を担うようになっているのである。いまやネオリベラリズム的なガバナンスにおいてコミュニティは中核的な位置を占めている。

それが端的に現れているのがツーリズムにおいてである。グローバル・ツーリズムが進むなかで、コミュニティの果たす役割に熱いまなざしが向けられるようになっている。

二〇二〇年の東京オリンピックの開催に向けて外国人観光客増加に伴うインバウンド消費の増大が期待される一方で、テロリストの潜入が懸念されており、安全安心が大きな争点になっている。そういうこともあって、東京では、コミュニティを隣組のようなものに再編し、安全安心の担い手にしようという動きがみられる。いわゆる防災隣組構想である。

さてこうした動きとならんで注目されるのは、都市空間の監視空間化という事態である。たとえば東京ミッドタウンに行くと、建物・地区全体が防犯カメラ（機械の目）によって完全にスキャン（透視）されていることがわかる。そこはデジタル都市のひとつの範型を示しているといえる。こうしたデジタル都市は、ある人にとっては心地よい空間であるが、ある人にとっては生きにくい空間である。デジタル都市は要塞都市としても存在するが、両者がどう交錯し、どう離反しているのかを明らかにするのも重要である。

では、あらためて問いたい。コミュニティとはいったい何なのであろか。第三章でジェイコブズの「新しい近隣」という概念を取り上げた。かの女はそのような近隣＝コミュニティは多様性を持ち、寛容であることが鍵になる、と述べているが、デジタル都市・要塞都市において多様性は担保されているのであろうか。あるいはデジタル都市・要塞都市にはそのような寛容なコミュニティがあるのであろうか。

またAI化が進んでポスト・ヒューマンの時代に入れば、ジェンダー、セクシュアリティ、階級、身障者・健常者の境界は曖昧になっていくだろう。特に生殖技術が発達していけば性差が溶解するかもしれない。またバイオテクノロジーや遺伝子工学が発達していけばエスニティー、健常者・身障者の境界がきわめてあいまいになるかもしれない。たぶんデジタル都市では従来の境界が取り払われていくであろうが、それではコミュニティはあらたにどのような役割を担うのであろうか。デジタル化・ネット化していく中で、これまでとは異なるオルタナティヴ（コミュニティ）を展望し得るのであろうか。もっとも最後の点については、ここでは問題提起にとどめ、詳しくは次章で述べることにする。

さて本章では、以上のような状況を踏まえながら、安全安心を中心に据えるコミュニティの今日的動向とそこにひそむ問題状況を明らかにする。その際、「異なる他者」を排除し、ひたすら内に閉じこもるコミュニティのあり方と、そうした自閉するコミュニティを支え、うながしている監視空間化の過程に焦点を据えたい。

†「安全な社会」神話

まず、ボーダーレス化について考察することから始めよう。すでに指摘したが、今日、国家や家族や会社がつくった、人びとを隔てる境界はきわめて曖昧になっている。そしてそれにつれて、これまで社会に広くゆきわたっていた安全神話が崩壊している。かつての日本社会には安全安心を担保するため、「時間のボーダー」「空間のボーダー」「社会のボーダー」という三つのボーダーが存在した(吉原 二〇〇七)。

まず「時間のボーダー」は夜と昼間を分ける。都市は機能分化しており、昼間働き、夜は眠るという人間の行動によって夜と昼間を切り離すことができた。夜は濃い闇の世界であり、これを畏怖することによって安全安心な生活を保ってきた。

「空間のボーダー」は「時間のボーダー」と表裏一体の関係にあり、繁華街(中心・職場)と住宅街(周縁)を分けてきた。「空間のボーダー」は住宅街を繁華街から切り離し、安寧の秩序を維持してきた。

では「社会のボーダー」はどうであろうか。人間は社会生活のさまざまな局面で「内」と「外」を区別し、境界をもうけてきた。たとえばアウトロー(やくざ)は普通の人が暮らす世界から除外される。アウトローの人びとはアウトローの世界(外の世界)に生き、決して「内」に入らない。よく「やくざはかたぎに迷惑をかけない」といわれるが、それは内と外が仕切られているからであり、これにより安寧が維持されてきた。これらのボーダーは都市の発展に伴い半ば自然にできあがったものであり、それらが秩序維持に役立つことになったのである。これらは都市に生きる人びとのメンタリティーの形成を促し、コミュニティの存立・存続を支えてきた。

†安全神話の崩壊

しかしいま、これらのボーダーは消滅寸前の状態にあり、日本の社会における安全神話は崩壊しつつある。グローバル化の進展により二四時間都市があらわれ、夜と昼の区別も繁華街（中心）と住宅街（周縁）の区別もなくなった。朝、家を出て定時に帰るという定常的な移動は都市に一種のメタボリズム、新陳代謝をもたらしたが、そういったものが大きく乱れてきている。

「時間のボーダー」「空間のボーダー」「社会のボーダー」の消滅とともに、アウトローを「外」に出すことにより「内」の安全を担保する、あるいは「内」を信頼することにより犯罪を抑止するという観念自体が消失する。都市はこれまで安全安心を担保していたが、いつの間にか恐怖の対象へと変化し、都市生活者の体感治安はより高まりつつある。

内閣府政府広報室が二〇一七年九月一四日から同月二四日にかけて、全国一八歳以上の日本国籍を有する三〇〇〇人にたいして実施した『治安に関する世論調査』によると、繁華街において「犯罪にたいする不安」を訴えた者は五四・三％となっており、ほぼ一〇年前（二〇〇六年一二月）の四四・七％から一〇ポイント近く増加している。このデータからは人びとが犯罪にたいしてきわめて過敏に反応していることが見て取れるが、一方で上から体感治安が高まるよう誘導されているという指摘もある。

たとえば河合幹雄は、政府による犯罪統計資料の操作を指摘している（河合 二〇〇四）。この点に関してしばしば言及されるのは、犯罪カテゴリーを恣意的に変更し、以前は犯罪と見なされなかったものを軽犯罪にするなどして累計化し、犯罪数を増加させていることである。ちなみに、凶悪犯が増えているかというと必ずしもそうではなく、凶悪犯罪はむしろ昭和初期のほうが多かったとも言われている。

なお忘れてはならないのは、メディアの報道が過熱すればするほど、犯罪にたいするフレームアップ（捏造）も増えてくることである。たとえば朝のニュースワイド番組でも人心を煽るような、センセーショナルな報道が数多く見られる。そういったことが複雑に絡まり合い、人びとの体感治安が高まっていると考えられる。

†さまざまな不安の連鎖

私たちは犯罪にたいする不安のみならず、雇用不安、健康不安、将来不安、災害不安などさまざまな不安を抱えている。政府は「人生一〇〇年時代構想」を掲げているが、慢性的な雇用不安は存在する。このように私たちはさまざまな不安を持ち、日常生活は原発事故や新種の感染症などといったリスクに取り囲まれている。

私たちは不安の連鎖の中にあり、生活基盤はきわめて不安定化している。しかしこれには個人差がある。生活基盤の不安定化は一様に現れてくることはなく、それにたいする対応も各々で異なってくる。たとえば経済的に豊かな人であれば、病気になった時でも高額の医療費を払うことができるが、他方でそれができない人もいる。これは大きな社会問題である。

そうした中にあって、人びとの間であまり対応の差が見られないのが犯罪である。階層やジェンダーがどうであれ、誰もが犯罪にたいする不安を持っている。不安のなかで生きていくには何らかの共同性が必要であるため、必然的にコミュニティの重要性が増してくる。私たちが生きていこうとすればおのずと「生活の共同」が切り結ばれ、何らかの形でコミュニティが浮上してこざるを得ない。いずれにせよ、コミュニティにおける安全安心が大きな争点となってくる。

それでは、人びとの間に生じる体感治安、犯罪にたいする関心は日本特有のものなのだろうか。この点で日本としばしば比較されるのはアメリカである。何よりもアメリカでは、犯罪にたいして、きわめて積極的に対応・抑止する制度・環境が整備されている。日本では人びとの体感治安が高まる一方だが、アメリカでは人びとのそういった不安を解消するために、犯罪履歴にもとづいて犯罪を未然に防ぎ、もしそれが起きたとしてもすぐに対応できるようになっている。たとえば性犯罪を行った者にたいしてGPS発信機の装着を義務付けている。そしてコミュニティはそれを全面的にサポートしている。

これはプライバシーにかかわることであり、微妙な問題をはらんでいるが、アメリカではそういった対策が進んでいる。これについて異議を申し立てる者も中にはいるが、日本ほどそういった声は強くない。

またアメリカでは、子どもを一人で街に出すと監督不行届き（Negligent）で罰せられるという州法もあるが、日本ではいまのところそういったものは制定されていない。このようにアメリカでは犯罪にたいするリアクションには厳しいものがあり、犯罪抑止環境・制度は整備されているが、日本はそれほどでもない。日本にアメリカのような制度を導入することについてはさまざまな議論がある。しかしながら、日本でも監視空間化が進み、アメリカに近づいているという見方がある一方で、未だにアメリカとは距離があるという見方もある。日本には、親の監視の義務づけを上から強制するようなアメリカのあり方にたいして違和感を抱く者が多いが、一方でその必要性を指摘する者も徐々にではあるが増えてきている。ともあれ、犯罪にたいする人びとの不安の増大に伴い、犯罪を抑止する環境・制度をつくりあげるにしても、日本とアメリカで大きな温度差がある。

2 「内」に閉じるコミュニティ

†スキャン空間化する地域コミュニティ

今日、コミュニティに犯罪を抑止する機能を期待する声が高まっているが、そうするとコミュニティはどうしても内に閉じていかざるを得ない。最近では安全安心という言葉が至る所で使われ、街の随所でスローガンとなっている（図5-1）。また、街の至る所で防犯カメラがこれみよがしに配備されている（図5-2）。従来は主に繁華街にカメラが設置されていたが、最近ではコミュニティ（集合住宅・公園・学校など）にもカメラが設置されている。あるいは「ここには防犯カメラが設置されています」と貼り紙がはられ、ダミーのカメラが設置されている例もある。いまやこれは日常の風景となっており、人びとはさほど奇異に思わなくなっている。

少し前の資料になるが、北九州市が二〇一一年九月二〇日から同年一〇月三一日にかけて市民一〇〇〇人にたいして実施した『防犯カメラ』に関する市民アンケート」による

図 5-1（上） 不審者に注意を呼びかける街路の立て看板（八王子市・筆者撮影）
図 5-2（下） ストリートコーナーを写し出す監視カメラ（東京都新宿区・筆者撮影）

と、防犯カメラの設置について「効果はない」と答えた者は全体の一・一％にとどまっている（北九州市市民文化スポーツ局二〇一三）。これによれば、ほとんどの人びとは防犯カメラを受け入れ、何らかの効果があると認めていることになるが、考えてみればこれはきわめて異常なことである。

私たちは防犯カメラによって、二四時間監視されている。一日中、身体が透視され、あたかもスキャン空間の中にいるようだ。防犯カメラを設置する際に大義名分となっているのは犯罪を抑止することだが、このような状況に違和感を覚える者がいる一方で、さほど気にしない者も増えてきている。

それではストリート（街路）からコミュニティに目を移すと、どうなっているだろうか。

このところ、コミュニティ、とりわけ町内会や自治会などの地域コミュニティにおいてよく話題にのぼるのは防犯対策である。そして二〇二〇年の東京オリンピックの開催を見据えて、行政サイドから町内会や自治会にたいしてさまざまなかたちの防犯対策が要請されるようになっている。

たとえば、二〇一六年八月に筆者らが実施した小田原市の町内会調査によると、全体の半数近くの町内会が最重要項目のひとつとして防犯対策を挙げている。実際、多くの町内会や自治会では自治体からの指導で防犯環境設計を取り入れ、防犯のまちづくりに取り組んでいる。

そうしたものの一つに夜回りがある。かつて町内会や自治会では学校が休みになる夏休みや冬休みの期間に集中的に夜回りをしていたが、いまはそれが二四時間体制になっており、たとえば、区域内の公園に見知らぬ人がいれば必ず交番に届けるよう義務づけられている。また区域内にある公園の管理は町内会や自治会に委ねられることが多いが、近年よく見られるのは、従来フェンスであった公園の柵を金網状のものにしたり、大きな木があれば伐採したりして、外から見やすいようにしていることである。

また町内会・自治会は長い間、行政から街灯の管理をまかされてきた。かつては街灯町内会などと呼ばれたこともある。ところが近年、この街灯に防犯カメラを付ける町内会・

自治会が増えている。さらに一戸建ての住宅が集まる大規模な高級住宅地では、公園にカメラを設置し、各住戸のIPカメラから公園で遊ぶ子どもたちの姿が見られるようなところも出てきている。

こういった機能を持つゲーテッド・コミュニティはアメリカや東南アジアの都市では数多く見られるが、日本では未だそれほど多くはない。アメリカではゲーテッド・コミュニティがアッパークラスだけでなく、ミドルクラスやロワーミドルクラスにまで拡大している。大規模なゲーテッド・コミュニティには学校や病院など、すべての機関がある。たとえば、渡辺靖が『アメリカン・コミュニティ』で取り上げているコト・デ・カザがそうである（渡辺 二〇〇七）。そうしたところでは、自分たちで安全を担保するのが当たり前になっている。またゲーテッド・コミュニティに住むことがステイタス・シンボルとなっており、誇示的な所有の対象となっている。

いずれにせよ、今日コミュニティは、高度に監視的な機能を持つようになっている。まさに、フーコーのいう、社会的統制と監視、抑圧機能をもつ「微視的権力」が学校や病院にとどまらず、コミュニティにまで浸透しているのである（フーコー 一九八四）。デイヴィッド・ハーヴェイは、この微視的権力について、「人格化された恣意的なものというよりはむしろ、匿名性の、合理的で、テクノクラシー的な（したがってよりシステム的な）もの」

であり、だからこそ目に見えない、と言っている(ハーヴェイ 一九九九:二七四)。権力は人格化された恣意的なものであれば、身体を拘束するなどして暴力装置として機能するが、微視的権力はそういうかたちで身体を拘束せずに自らに馴致させる。防犯カメラはまさに、そうした微視的権力のありようを象徴的に示していると言える。

コミュニティには、微視的権力に寄り添うような傾向が顕著に見られる。たとえば災害対策基本法第五条第二項により、地方公共団体が自主防災組織を設置することが義務付けられているが、ほとんどのところでは町内会や自治会が自主防災組織になっている。しかも最近では自主防災組織を市民防衛組織として再編する動きも見られるようになっている。このようにコミュニティは自主防災組織であると同時に、市民防衛組織としても位置付けられるようになりつつある。ちなみに、平成二八年版の『防災白書』によると、自主防災組織は平成一五年以降、組織数および活動カバー率のいずれにおいても一貫して増加している(内閣府防災担当部局二〇一六)。

なお、今日、微視的権力によって貫かれた監視空間化が最も進んでいるのはシンガポールである。国内にはりめぐらされた一一万本の街灯をセンサーでつなげたスマート街灯に変える「街づくり」が展開されており、国民と外国人を選別した上で徹底的な生活管理がなされている(『週刊東洋経済』二〇一八年一二月一日号)。こうした「上から」の生活管理が監視空間化の先端的モデルとしてあることは、もはや疑いようのない事実である。

それでは、グローバル・ツーリズムの増大とともに、コミュニティはどう変化しているのであろうか。以下、いままで述べてきたことと関連させながら見てみよう。

†グローバル・ツーリズムの進展と「よからぬ他者」のあぶりだし

近年、外国人観光客(インバウンド)が急速に増えている。二〇〇〇年のインバウンド数を一〇〇とした場合、二〇〇五年は一四一、二〇一〇年は一八一、二〇一五年は四一四となっている(日本政府観光局編二〇一六)。国は二〇二〇年にはこの数値を三〇〇〇にすることを目指しているが、優に達成されそうである。ところがそれとともに、コミュニティで治安悪化を危惧する声が高まっている。さらにメディアのセンセーショナルな報道により、人びとの体感治安が悪化している。

たとえば外国人が多く訪れる観光地周辺やそこに隣接する町内会・自治会では、英語や中国語で明確に立ち入り禁止を表示する立て看板を設置するところが出てきている。住民からすればこれは自衛の措置なのであろうが、インバウンドからするとコミュニティが閉鎖的に見える。今後はそういうあり方についても考えていかねばならないだろう。

ちなみに、国・東京都は二〇二〇年の東京オリンピックの開催を見据え、スポーツ・ツーリズムに合わせた外国人の大幅な流入を見込んでいる。これは経済活性化につながるかもしれないが、同時にこれまで以上に治安対策・安全対策が必要になってくる。国・東京都はその役割の一部を地域コミュニティが担うことを期待している。それにたいして、地域コミュニティではスポーツ・ツーリズムの進展を歓迎する一方で、「よからぬ他者」（典型的にはテロリスト）の流入に注意を呼びかける動きが拡大している。

またメディアでは、中国人観光客の増加に伴い生じている爆買いやマナートラブルを大々的に報じ、一部でネガティヴ・キャンペーンが繰り広げられている。そしてその影響を受けて「中国人観光客はお断り」という店やホテルもあらわれている。筆者の聞き取りによると、ある箱根のホテルでは中国人観光客を隔離してある一角に宿泊させ、食事も別にさせることにしたが、地元の観光協会からクレームが付いて取りやめることになったという。しかしその一方で、こうした動きについては相手にたいする無理解の上に嫌悪感ばかりつのらせているという指摘もある（『京都新聞』二〇一〇年八月二四日夕刊）。

ここで注目すべきは、こうしたネガティヴ・キャンペーンと呼応するかのように中国人観光客を「異質な他者」として忌避し、自分たちの安寧を担保しようとするコミュニティがあちこちで立ち現れていることである。たとえば先ほど取り上げた、英語や中国語による立ち入り禁止の立て看板を設置している町内会はその一例である。

†もうひとつのコミュニティ形成は可能か？

　ところで以上のようなコミュニティのリアクションにおいて特徴的にみられるのは、食文化やコミュニケーションの違いにきわめて不寛容であるということである。結局、コミュニティは「内」に閉じているということになり、異質なものとの交流に背を向けていると捉えられてもしかたないのである。こうしてみると安全安心コミュニティへの志向は、国や自治体の「上から」もしくはメディアの「横から」の働きかけによって維持され、ますます拡大しているといえる。安全安心の確保が基本的に「自己責任」であるならば、このような傾向は致し方ないという声もあるが、別の見方をすれば、住民の安全安心の確保を理由としてコミュニティがますます「内」に閉じているといえなくもない。しかし、グローバル・ツーリズムが拡大していくことがもはや否定できないとすれば、安全安心コミュニティの社会設計において「外」に開かれたコミュニティの形成もきわめて重要な課題になるだろう。

3　監視空間のソフト化と「開いて守るコミュニティ」の形成に向けて

†監視空間のソフト化の可能性

これまで述べてきたところから明らかなように、大枠として監視空間化が進んでいることは否定できない。それではそれを制御することはもはや不可能なのであろうか。閉じて守ることは簡単だが、「開いて守るコミュニティ」の形成に向けて、どのようなことが考えられるのであろうか。

監視空間化には一定の社会的必然性があり、これを根底から否定することは不可能であり非現実的である。監視空間化と人びとの生活空間の間でどう折り合いを付けるか。これが監視空間のソフト化のキーポイントになるだろう。

先ほども述べたように近年、日本の至る所に防犯カメラが設置されており、このままでは日本の国土空間が一〇〇％防犯カメラで覆われる日もそう遠くはないだろう。監視空間化により私たちの身体は完全に掌握されているが、この傾向に歯止めをかけるためにまず必要なのは、防犯カメラの管理運用規定をもうけることである。

あるコミュニティで犯罪が起きた場合、警察・治安当局は防犯カメラの提出を求めるが、コミュニティの防犯カメラは街路に取り付けられたそれとは意味合いが異なる。実際にそのような要求があった場合、コミュニティとしてどう対処すべきか。管理運用規定をもうけることは、コミュニティの自治にとって重要である。

先ほど取り上げた北九州市の「『防犯カメラ』に関する市民アンケート」結果でも「自由意見」欄で「何よりもまず管理・運用に関する規定を作るべきである」、「責任と管理の明確な表示を行うことがのぞましい」、「警察による運用・管理ではなく、市で運用・管理する機関を作る必要がある」、「第三者機関による定期的あるいは抜き打ち的なチェックがもとめられる」などといった意見が寄せられている。警察に任せたほうがよいという意見もあるが、その一方で第三者機関、あるいは自治体独自の運用・管理機関をつくるべきであるという意見もある。いずれにせよ多くの市民が、防犯カメラの管理運用規定の作成をもとめていることはたしかである。

ところで住民が自分たちで地域を管理していくには、防犯カメラの管理運用規定もコミュニティに根差したもの（community based）でなければならない。またコミュニティにおけるさまざまなステイク（利害）を取り込み、保障するコミュニティ・ガバナンス（community governance）にもとづくものでなければならない。ある主体にとって都合がよくても、別の主体にとって都合が悪いというのでは意味がない。

†「機械の目」の相対化

防犯カメラは「機械の目」であるから、管理運用規定に則って相対化していく必要がある。それでは「機械の目」に代わるものはどのようなものなのだろうか。ひとつには、人びとの生活世界で育まれた「等身大のまなざし」によって「機械の目」を制御（コントロール）することが考えられる。

たとえば初老の人が公園のそばを散策していた時、公園の中から野球をしている少年たちの声が聞こえてきたとする。そこで初老の人は、声のする方向に向かってやさしいまなざしを向ける。それは自分とは異なる者へのまなざしでもあるが、「機械の目」によってフォーカスされた「よそ者」へのまなざしではない。そうしたまなざしを介して、初老の人と少年たちとの間で世代を越えたコミュニケーションが成り立ち、公園は監視空間の意味合いが弱まる。

「等身大のまなざし」とはそういうものである。公園の大きな木を伐採し、フェンスを金網にすることは「機械の目」による監視を前提としており、声がする方向に目を向けていくこととは根本的に異なる。

これについて、もうひとつ例を挙げておこう。ある主婦が二階の物干し台に立って洗濯物を竿に通していたとする。その時ふと回りを見回すと、普段見かけない人が路上に立っている。そこで互いに何気なく挨拶を交わす。ここには「機械の目」に頼る監視空間では見落とされてしまいがちな路上の「出会い」があり、これもまた「等身大のまなざし」に根ざしている。この「等身大のまなざし」こそ、もうひとつの安全安心コミュニティの社会設計にとって不可欠のものなのである。

†インバウンド観光と「開いて守る」コミュニティの形成

先に一瞥したインバウンド観光の進展も、もうひとつの安全安心コミュニティの社会設計における重要なモーメントとなるが、この場合、外に開かれたコミュニティはどのようにして成り立つのであろうか。ここで注目したいのは、近年の新たな動向として、日本に来てむやみにものを買うのではなく、日本の自然や景観、生活文化などに興味を持つ人が増えていることである。そうしたなかで自然・景観と一体化した生活文化の掘り起こしに、外国人観光客が「異質な他者」として関与するケースも見られるようになり、それが「外」に開かれたコミュニティの活性化につながる可能性が出てきている。

インバウンドがかかわる生活文化の掘り起こしの一例として、空き家になっている古民家（京町家や農家など）を外国人観光客用のゲストハウスや民宿に転用し、そこを拠点として「異なる他者」である外国人観光客が古い町並みや水辺の風景を愛《いとお》しみ、その再生のためのワークショップなどに参加するようになり、地域に賑わいが戻ってきたというケースがあげられる。異文化が交わることの難しさを認識したうえで、こうしたインバウンドを巻き込んだ生活文化の掘り起こしを「開いて守る」コミュニティの形成につなげていくという可能性が何とか見通せるようになったといえよう。

もちろんそこには、日本社会に異なる文化が持ち込まれる可能性もある。しかし、日本の生活文化の伝統を深く湛えたローカリティが「外から」の「観光のまなざし」によって「再発見」され、新しい解釈が加えられ、そのことによってグローバリティーを獲得するといった事態それ自体、外に開かれたコミュニティ形成の嚆矢（はじまり）となるであろう。

いずれにせよ、「内に閉じられたコミュニティ」を再編強化するのではなく、むしろインバウンドを積極的に呼び込み、かれらを新たな賑わい・交流の主体として押し上げていく、そういうかたちで安全安心を確立するのが、今後重要な課題となってくるであろう。

4　もうひとつの安全安心コミュニティの基本的方向

†ボーダーの再埋め込み

ここでは前節の議論を踏まえて、オルタナティヴ、つまりもうひとつの安全安心コミュニティの形成の可能性について考えてみたい。既述したように、近年、コミュニティでは犯罪抑止のため、同じ町内会や自治会に属する人を「内」の人として取り込み、見知らぬ人を「外」の人として排除するといった動きが目立っている。監視空間はこのような選別と排除の機能をもっている点に一つの特徴があるが、それは考えようによっては、時間・空間・社会という三つのボーダーがなくなり安全神話が崩壊した、本章の冒頭で言及したようなボーダーレスな社会に再びボーダーを埋め込んでいると解釈できなくもない。

ところで人びとの安全安心がこのような監視空間によって確保されるとすれば、安全安心コミュニティは基本的に内に閉じられたものにならざるを得ない。しかしグローバリゼーションが進むなかでコミュニティが「内」に閉じられたものになるということは、コミュニティ自体が自己矛盾に陥るということを意味している。なぜなら、今日のコミュニティ、とりわけ地域コミュニティは他方できわめて流動的なものになっており、そこでの「生活の共同」のなかみはいやがおうにも異質性と顔を合わせることになるからだ。

†同質性から相互性にもとづく異質性へ

たしかに、今後「生活の共同」の中身はいままでのような同質性から、むしろ異なる者との相互性、関係性にもとづく異質性へとシフトしていくことになるだろう。とすれば、もうひとつの安全安心コミュニティの社会設計のためには、同質性を問い直すことが避けられない。齋藤純一がアーレントに依拠して述べているように、同質性を異なる者との相互性にもとづく異質性に変換することは、安全安心コミュニティの社会設計のためには必要不可欠である。ちなみに、齋藤は相互性を「他者に対して否認する事柄を自分については肯定しない、自分が退けようとする事柄を他者に負荷しないという関係、つまり、相互に対して正当化可能な仕方で振る舞うことを要求しあう関係」と述べている（齋藤 二〇一七：五八〜九）。そういった相互性・異質性にもとづく「生活の共同」がいま求められているのである。

ここで相互性に関連して日本の地縁のあり方について考えてみたい。日本の地縁はそもそも、相互性＝異質性の内実を豊かに湛えていた。これまでの地縁・町内の最大の特徴は

「階級、職業が混在しており、宗教、信条もきわめて雑多である。そしてそのことがコミュニティ形成の障害にならなかった」という点にある（吉原 二〇一一：八二）。つまり異質なものの集まりを通して、その場その場の状況に合わせながら、雑然と共同生活を繰り広げるという傾向が顕著にみられたのである。

そこに位相的な横並びの秩序形成の状況をみてとることができるが、オギュスタン・ベルクは、それを「縁」にかかわらせて次のように述べている。

「第三項を排除しない論理、すなわち『縁』の論理は、不完全性の論理、すなわち『間《ま》』の論理を補強する。事実どちらも外的なもの（関係）を重視し、その分だけ内的なもの（本質、固有の実質）を過小評価する。実体Aは実体Bとの関係Cにおいてのみ真に存在するということが前提とされ、逆もまた然りなのである。……AもBもそれ自体では完全には存在せず、他のものでもあるという限りにおいて存在するのである」（ベルク 一九八八：三〇七〜八）。

ここでは、位相的な横並びの秩序形成の役割を担うもの、いわば媒質（メディウム）として、人と人との「あいだ」に目が向けられている。実はこの「あいだ」が地縁なのである。

しかしこの「あいだ」＝地縁は近代日本の町内会体制の下で均質化・平準化され、同質性を特徴とする、「内」に閉じ込もるコミュニティと化してしまった。雨宮昭一によると、その原型は総力戦体制期につくられ、戦後を貫き、高度成長期まで続いたとされている（雨宮　一九九七）。

いまこそ、日本の地縁・町内が本来持っていた異質性と位相的な空間秩序を外に広げるかたちで蘇らせる必要があるのではないだろうか。その上で、もうひとつの安全安心コミュニティの社会設計に向けての基本的な方向を探ることが強く求められているといえよう。

†「気づき」によるコミュニティ再発見

本章では、「異なる他者」を否定するのではなく、むしろ「公的な存在」として承認したうえで、そういう人びとを含み込んだ近隣の人びとの生活リズムを達成することが、安全安心システム（より狭義には防犯システム）の確立にとって何よりも重要であることを明らかにした。そしてそのためには、「異なる他者」との相互性を維持しつつ、近隣が担保してきた「生活の共同」に潜んでいる、犯罪にたいして自然に形成されてきた防止のメカニズム・見守り体制を、「機械の目」を向うにして再構築することができるのかどうかが鍵になると指摘した。

その場合のヒントとなるのは、室崎益輝がいうところの「気付き」である。それは基本的には近隣の基層から立ち上がってくるものであるが、具体的には生活世界に生きている人びとが、自分たちとは違う人びとと一緒になって安心できる場所を調べあげ、そのことを通していろいろな人の支えで安心して暮らせることを知ることである（室崎 二〇一〇）。ここではあらためて、外に開かれた、等身大の安全を探すまなざしでコミュニティを「再発見」することが課題となる。

ちなみに、鷲田清一は「たがいに異質な他者どうしが、上空からではなくあくまで地べたで、横向きに探りあうという関係」にもとづく近隣民主主義がいま求められていると述べているが（鷲田 二〇一六：二三〇）、その場合、上述した「気付き」あるいはそうした「気付き」にもとづくコミュニティの「再発見」が前提となるだろう。

先に触れたように、もうひとつの安全安心コミュニティの探求はややもすれば、ガバメントによってゆがめられる危険性をはらんでいる。そうならないための第一要件は、上述の近隣民主主義を確立することであると考えられるが、それは決して楽観的に想定されるものではない。それはいまのところ可能性の域を出るものではない。しかしそれでも、本書の冒頭で言及したように「都市共生のためのオータナティヴがめばえつつある」ことが本当であるとするなら、可能性が現実化する道はまったくないとは言えないであろう。

第六章

新しいコスモポリタニズム

1　伝統的なコスモポリタニズムの陥穽

†グローバリゼーションの進展とコスモポリタン化

コスモポリタン化というのは厄介な概念で、人によって捉え方が異なる。それはグローバリゼーションの進展に対応して立ちあらわれているが、両者はイコールではない。ちなみに、ウルリッヒ・ベックは、コスモポリタン化はグローバルなものとローカルなものが対極にあるのではなく、相互浸透し相互結合しているとして、次のように述べている。

「［コスモポリタン化は］文化とアイデンティティとの諸境界のポストモダン的な混交と資

本と消費のダイナミズムとによって誘発・加速され、国境を根こそぎにする資本主義とトランスナショナルな社会運動のグローバルな聴衆とによって強化され、さらに科学、法律、芸術、ファッション、趣味、そしていうまでもなく政治というような中心的なテーマをめぐって生じる世界規模のコミュニケーションによって促迫されてきた。」（Beck 2003: 61、〔 〕内は引用者）

通常、コスモポリタン化は世界経済の動向とかかわらせて論じられることが多いが、ここでも言及されているように、人びとのライフスタイルやアイデンティティのあり方とも連動している。つまりコスモポリタン化の影響は、人びとの日常生活に深く及んでいるのである。

†「第二の近代」とコスモポリタン化

前掲のベック（図6－1）は「第一の近代」と「第二の近代」という概念を提示し、「第二の近代」を背景としてコスモポリタン化が立ち現れている、と述べている（ベック 二〇一二）。ベックによると、そうしたコスモポリタン化の進展とともに制度の個人化、リスクの個人化が著しく進む。つまり国家・階級・家族などがこれまでのような「社会化」機能を果たすことができなくなり、個人が直接責任やリスクに対応せざるを得なくなるというのだ。こういった個人化の進展は当然、コミュニティのありようにも深い影響を及ぼしている。コミュニティはこれまで、ある一定の境界内で人びとの間の「生活の共同」を担い支えてきたが、そういったあり方がいま大きく揺れている。

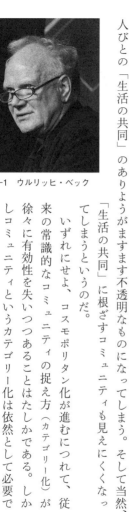

それに加えて最近ではAI化の進展に伴い、社会構造が大きく変化しつつあり、その影響が社会の隅々まで及んでいる。そしてベックのいう「第二の近代」も複雑な様相を示すようになっている。コスモポリタン化の下で個人化が進むにつれて、かつて国民国家の下で維持されていたさまざまな境界（家族・ジェンダー・セクシュアリティ・階級など）が崩れ、人びとの「生活の共同」のありようがますます不透明なものになってしまう。そして当然、「生活の共同」に根ざすコミュニティも見えにくくなってしまうというのだ。

図6-1　ウルリッヒ・ベック

いずれにせよ、コスモポリタン化が進むにつれて、従来の常識的なコミュニティの捉え方（カテゴリー化）が徐々に有効性を失いつつあることはたしかである。しかしコミュニティというカテゴリー化は依然として必要である。本章では、コスモポリタン化がそもそも「非直線的で弁証法的な過程」（ベック）としてあることを踏まえた上で、そうしたコスモポリタン化の下でコミュニティがどう変容しているのかを検討してみる。

†ベックとブライドッティのコスモポリタニズム批判

まずコスモポリタン化について述べる前に、ベックとロージ・ブライドッティのコスモポリタニズム批判について触れておく。ベックは、伝統的なコスモポリタニズムが普遍主義的な論題設定をしていることに批判の目を向けている。論を立てるにあたって自己の立場がすべての人間に当てはまる普遍的なものであるとすることによって、「異なる他者」の持つ固有性、多様性への視点を欠落してしまい、結果的に他者を支配するか排除することになっているという（ベック 二〇一一）。

ベックの批判は、地理学者のデイヴィッド・ハーヴェイの主張を受け継いでいる。ちなみに、ハーヴェイはカントの普遍主義にまで遡り、コスモポリタニズムを検証している。カントは世界市民という概念を提示し、世界市民であるコスモポリタンによる恒久平和を提唱するが、ハーヴェイはこの基底に潜む普遍主義を徹底的に批判している（ハーヴェイ 二〇一三）。

ところでベックは、伝統的なコスモポリタニズムは「第一の近代」を背景とし、あるいはその地層の上に、西欧出自の個別的な人間像を普遍的なものと捉えるイデオロギーとして広がった、と述べている。「第一の近代」はある種の「集団性、領土性、境界という原理に依存」しており、実はコスモポリタニズム的なイデオロギーはそうした「第一の近代」に特有のものであるというのである（ベック 二〇一一）。

これについてベックと同じような認識を示しているブライドッティは、次のように述べている。伝統的なコスモポリタニズムは近代的な主体性に埋め込まれている固有性、さらに理性的な自己確立と道徳形成を普遍的なものとみなし、男、ホワイト、大人、健常者を自明視している、と（ブライドッティ 二〇一九）。この批判は「異なる他者」（すなわち女、ノンホワイト、子ども、障害者）を排除しているというベックの指摘に照応する。ブライドッティはさらに、伝統的なコスモポリタニズムの問題点はリアリティの喪失にあり、伝統的なコスモポリタニズムが自明視してきた人間はもはや過去のものになっていると主張している。

†コスモポリタニズム批判の現実的基盤

ベックもブライドッティも「伝統的なコスモポリタニズムは死んだ」と主張しているが、だからといってコスモポリタニズムを清算主義的に否定していいわけではない。詳しくは後述するとして、ここではさしあたり、コスモポリタニズム批判が立ちあらわれてくる現実的背景・基盤を見ておこう。これまでもたびたび述べてきたように、現在、世界のあちこちで排外主義やそれと一体化したナショナリズムが吹き荒れている。そしてエスニシティのみならず、さまざまなマイノリティにたいして抑圧と排除が行われている。伝統的なコスモポリタニズム批判が社会に一定程度受け入れられている背景には、いま述べたような問題状況が社会に広く拡散しているという現実がある。したがって伝統的なコスモポリタニズムがイデオロギーとしては「死んでいる」としても、その根は依然としてさまざまなかたちで引き継がれていることを忘れてはならない。またその点で、ハーヴェイが「偽のコスモポリタニズム」として、以下のように述べていることは重要である。

「コスモポリタン的な種々のレトリック――平和、人権、グローバルな正義というレトリック――を、国のヘゲモニー的目的のための道具として使う。」(ハーヴェイ 二〇一三：一五四)

同時に、この「偽のコスモポリタニズム」という指摘を含めて、みてきたようなコスモポリタニズムにたいする批判を介して、もうひとつのコスモポリタニズムを提唱する動きが立ちあらわれていることも忘れてはならない。

2 「第二の近代」とコスモポリタン化

†ベックと「第二の近代」

それでは、コスモポリタン化は具体的にどのようなものとしてあるのだろうか。ベックは、コスモポリタン化の背景となっているのは「第二の近代」であると述べているが、それではこの「第二の近代」は「第一の近代」とどう違うのか。ベックによると、「第一の近代」の基本的要件は以下の通りである。

①経済活動が主として国家という領域内で行われていて、国家の定める制度が制約要因として作用していること

②階級に規定された身分的な属性が労働者のみならず、かれら/かの女らのアイデンティティやライフスタイルを特徴づけていること

③性別役割分業にもとづく近代家族が安定したアイデンティティ形成の基盤/場となっ

ていること
④道具的な知にたいする信頼が成長主義を信奉する観念の基礎となっていること

他方、「第二の近代」では、「第一の近代」を成立させていた基本的要件が瓦解している。ベックによると、国民国家は大きく揺らぎ、身分的な階級は壊れ、性別役割分業にもとづく家族は解体し、技術知への信頼は大きく損なわれている。そしてこれらが複雑に交差し、制度の個人化・リスクの個人化が広範囲に立ちあらわれている。

さらにベックによると、この個人化は伝統的なコスモポリタニズムが前提としてきた国家、階級、ジェンダー、セクシュアリティ、エスニシティなどの境界／ディバイドを突き崩す契機をはらんでいるとされる（ベック 二〇一一：一九）。別の言い方をすると、伝統的なコスモポリタニズムの下で排除されてきた女、ノンホワイト、子ども、障害者を社会の前面に押し出す可能性も秘めているというのである（ベック 二〇一一：一〇一〜一〇二）。

†コスモポリタン化と再帰的な自己

ともあれ、こうした個人化を基軸にしてコスモポリタン化が非直線的かつ弁証的な過程として立ちあらわれてくる。そしてそれは旧来の境界／ディバイドの溶解をもたらす一方で、新たな個人主義が台頭する契機ともなるのである。それでは近代社会における個人主義とはいったいどのようなものなのだろうか。ここではアンソニー・エリオットとチャールズ・レマートの見解を援用しながら考えてみたい。

かれらは、近代社会がもたらした個人主義を古典的個人主義、操作的個人主義、孤立化した個人主義、再帰的個人主義、新しい個人主義の五つに分類している（Elliott & Lemert 2006）。これを先のベックの理論に重ね合わせると、操作的な個人主義と孤立化した個人主義は「第一の近代」に、そして再帰的個人主義は「第二の近代」にそれぞれ対応している。

つまり操作的な個人主義と孤立化した個人主義は、国家や階級や家族などが未だに帰属する対象として残っている段階のものである。それにたいして再帰的個人主義はコスモポリタン化の進展とともに立ちあらわれたもので、もはや帰属する対象がなくなり、リスクに直接向き合わざるを得ない個人化の展開に根ざしている。同時に自己や社会のありようを問う再帰的な自己を育む可能性もはらんでいる。

こうしたコスモポリタン化の進展とともに個人化の内部から立ちあらわれる再帰的個人主義は、前掲のブライドッティに立ち返って検討すると国家、階級、ジェンダー、セクシュアリティ、エスニシティ、障害と健常などの境界／ディバイドの瓦解の可能性を見つめる中で出てきたものである。そしてそれゆえノマド的、生成的（becoming）、状況依存的（situated）な人間像、すなわち関係的な人間像と響き合うことになる。ブライドッティによると、そうした人間像はあくまで女、ノンホワイト、子ども、障害者などを積極的に包み込んだもうひとつのコスモポリタニズムを提唱する中で打ち出されている点に特徴がある（Braidotti 2013）。

さて、もうひとつのコスモポリタニズムの中核となるこうした関係的な人間像においてあらためて注目されるのは、それが伝統的なコスモポリタニズムが「抽象的で現実離れした普遍主義」に陥ったために取り得なかった「異なる他者」へのまなざしに裏打ちされていることである。先に取り上げたアンソニー・エリオットとチャールズ・レマートの個人主義の分類で言えば、このまなざしは再帰的な自己がより深化して現れる新しい個人主義の段階において浮上するものである。マーサ・ヌスバウムは認知心理学の観点から、そうしたまなざしは、既述したもうひとつのコスモポリタリズムの基底に伏在する多元的で複合的な自己像、すなわち人間の個別性と多様性への深い理解から始まり、かれら／かの女らの感情や欲求に思いを寄せることのできる自己についての語りに立脚している、という（ヌスバウム 二〇〇〇）。

多元的で複合的な自己についてのこうした語りは、伝統的なコスモポリタニズムが国家や階級や家族といった帰属する対象を明確に持っているゆえに「勁い語り」になりがちであるのにたいして、あくまでも「弱い語り」としてある。しかしこの「弱い語り」は一元的な帰属対象を持たないゆえに、言い換えれば、多重的なアイデンティティにもとづくゆえに、同一のメンバーシップの下で形成される社会のあり方を根源から問い返す契機となる可能性を秘めている。

それでは、こうした可能性は具体的にどのようなかたちで立ちあらわれているのであろうか。以下、コスモポリタン化が既述したようなさまざまな境界のゆらぎをうながしながら、人びとの「生活の共同」に根ざすコミュニティにどのような影響をもたらしているのかを検討するなかでみることにしよう。

3 コスモポリタン化のなかのコミュニティ

†外に開かれたコミュニティと多元的で競合的なアイデンティティ

コスモポリタン化のなかのコミュニティは、これまで国家や階級や家族などが維持していた境界の揺らぎとともに起こっている「生活の共同」の変化と深いかかわりがある。そこでみられる「生活の共同」は多元的かつ複合的な自己によって担い支えられたものとしてある。したがって基本的には外に開かれたものとして存在する。

そしてコミュニティはといえば、国家や階級や家族との入れ子状態、あるいは相補関係から脱し、ひとつのアイデンティティではなく多元的で競合的なアイデンティティから成るネットワークによってつながる場所のダイナミズムとともにある。そこでは、境界のあるローカリティという捉え方はまったくリアリティを持ち得ない。

コミュニティはある一定の境界のなかでしか存在しない連帯・アイデンティティに依拠するのではなく、むしろ混交と競合、相互交渉、そして絶えず再編成を繰り返す「公共空間」のようなものとしてである。つまりコスモポリタン化の下でのコミュニティは、基本的に「コミュニティ・オン・ザ・ムーブ」として存在するのである（吉原 二〇一五）。

もっとも、このことはローカリティそのものを否定するものでも「住まうこと」を軽視するものでもない。ここでいうコミュニティは「異なる他者」を「外部者」とするのではなく、間接的なつながりやマーク・グラノヴェッターのいう「弱い紐帯《ちゅうたい》」（Granovetter 1973）を通して「内部者」へと編入する新しいローカリティの形成と関連がある。コミュニティにおいて見出される「住まうこと」は新しいローカリティに根ざす「生活の共同」を基礎にしており、かつての国家や家族などが保持していた境界に閉じこめてしまうことではない。

しかしコミュニティにおける異他的な出会いと交わりは決して安定的なものではなく、そこでは新しい裂け目が口を開けていることもある。これまでも述べてきたように、コスモポリタン化とは境界のある固定的装置（国家・制度など）が機能しなくなる過程であり、ローカリティが規定要因としての力をますます失う過程でもある。特にローカリティの喪失は、コスモポリタン化がネット化、デジタル化と共振してもたらした場所感覚の喪失としてある。したがってコスモポリタン化の下でコミュニティが存続していくためには、自己とは異なる歴史や伝統を含み込んだ「生活の共同」のあり方を追求しながら、再帰的な自己をより拡大した自己へと練り上げ、そうした自己を中心にして「異なる他者」のライフスタイルやアイデンティティの基底にある感情や欲求をすくい上げていく必要がある。

†「情動的な紐帯」と対話的なコミュニティ

ここであらたな論点として浮上してくるのは、指摘されるような感情や欲求が「利己的な私利や社会的な人格概念には還元できない」（デランティ 二〇〇六：一六七）ことを確認した上で、一定の集合性と関係性に根ざす、シャンタル・ムフがいう「情動的な紐帯」へと発展する可能性があるという点である（ムフ 二〇〇八）。ムフは、「ポスト政治的」なアジェンダ設定がもっぱら利害の計算と道徳的な討議によって行われる近年の動きに危惧を抱いている。彼は、仮に「政治的なもの」が集合的アイデンティ＝集合的意思の構築によって達成されるのであれば、そこには人びとに自らの経験を理解させ、将来への希望を抱かせるような何らかの契機が埋め込まれなければならないと主張し、これを「情動的な紐帯」としている。「情動的な紐帯」とは諸価値・諸利害の間で一致点を探ったり、共通の善について語ったりすることでは決してない。それはおおむね次のようなものとしてある。

「この『情動的な紐帯』は……病気による『苦しみ』や『悩み』、家族や人間関係の『ゆらぎ』や『綻び』、さらに差別され、排除されてきた経験を『異なる他者』と語り合うことによって作りだされている。気にせず話し合うことができる、無視されない、自分が幾度も味わってきた感覚を知ってもらえることによって……アイデンティティの形成に厚みが加わる。」（吉原 二〇一八：二〇六、〔 〕内は引用者）

ジェラード・デランティは「情動的な紐帯」を個人の自己実現レベルのものとして捉えるとともに、そこにコミュニケーションへの参加、対話的なプロセスが新たな帰属としてのコミュニティになる鍵があるとしている。

それでは、「情動的な紐帯」は具体的にどのようなものとしてあるのか。以下、ドミニク・チェンと森千香子の議論を取り上げ、これについて検討してみる。

†「喚起」と声かけの間――「情動的な紐帯」の具体的なあり方

まずドミニク・チェンの議論を見てみよう。チェンはイリイチの『コンヴィヴィアリティのための道具』を読みながら、対話による「喚起」こそが親愛《コンヴィヴィアリティ》さを深める道具であるとして、次のように述べている。

「相手の内なるイメージを喚起させ、自らの内なるイメージを呼応させること。自分と相手のあいだに多様な感情がただ生起し、時間をかけて関係性が発酵するのを見守ること。あらゆるものが瞬時に情報化され、すぐさま価値を提示することが求められる現代において、喚起的な関係性から立ち現れる連帯の感覚は貴重になりつつあるように思える。その分、むしろ遅効性のコミュニケーションだけがつなぎとめられる価値があることに、わたしたちの社会はゆっくりと気づいていけるのかもしれない。」（チェン 二〇一九：六四）

ここでの叙述、とりわけ冒頭の「相手の内なるイメージを喚起させ、自らの内なるイメージを呼応させること」という表現の基底にある考え方は、鷲田清一がコ・プレゼンスという言葉で言い表していること（序章および次章参照）、すなわち寄り添い、寄り添われることが共生の本義であるとする捉え方にとても近い。また「自分と相手のあいだに多様な感情がただ生起し、時間をかけて関係性が発酵するのを見守る」という表現は、ムフの「情動的な紐帯」の本源的なあり方を示しているといえる。

しかしチェンの議論はテクストを読むなかで出てきたものであり、リアリティに欠けるという問題がある。その点では、以下に取り上げる森千香子の議論は、二〇一六年アメリカ合衆国大統領選の予備選挙の際、バーニー・サンダースの選挙運動を半年間追いかけ、「見知らぬ人に声をかける」という実践に参与観察して得た知見であり、「情動的な紐帯」のあり方をよりリアルに理解する上で役に立つであろう。森は次のように述べている。

「ドアノッキング＝自宅訪問は文字どおり『ドアを叩く』ことであるが、集合住宅にはセキュリティ装置がついているところも多く、ドアを叩くよりブザーを押し、インターフォン越しに話すことが多い。出向いても相手にされなかったり、敵対的な人もいる。でも繰り返し出かけ、直接、話すことを試みる。

同じ地域に暮らす『隣人』であっても、多忙で個人化の進む大都市では『隣人』も顔の見えない『見知らぬ人』であるケースが増えている。そういう人たちに『声をかける』という実に古典的な手法が改めて見直されている。」（森 二〇一八：三七）

ここでは「情動的な紐帯」が「見知らぬ人」への声かけにより、ひとつのかたちとなってあらわれている。しかも先に言及した再帰的な自己が「情動的な紐帯」を通して、自己とは異なる歴史や伝統を含み込んだ「生活の共同」のあり方に迫りながら、より拡大した自己へと変身する可能性をもたらしていることが読み取れる。さらにここには、チェンのいう「喚起すること」が底流として存在する。

こうしてみると、異他的な出会いから生じる「情動的な紐帯」はまさに対話的コミュニティの始まりをなすものであり、コスモポリタン化の下でのコミュニティのひとつのあり方を示していることがわかる。

†「人間としての他者」としてのＡＩ

ここであらためて問われるのは、前掲のチェンが「あらゆるものが瞬時に情報化されること」と述べていることと関連して、ネット化、デジタル化を呑み込むようにして進んでいるＡＩ化の下で「情動的な紐帯」、そして対話的コミュニティはどうなるのかという点である。この問いは、コミュニティの今後を考える上で重要である。

ＡＩ化が進むとともに人間のサイボーク化（平たくいえば、人間が機械と一体化すること）、ＡＩを含む先端科学（生殖工学や遺伝子操作）のさらなる展開が見られるようになり、それに伴ってブライドッティらが提唱するもうひとつのコスモポリタニズムの現実的基盤が崩壊する恐れがある。つまり健常と障害、ジェンダー、若者と高齢者の境界／差異が溶解するという論点を立てること自体、無意味なものになるかもしれない。そうしたなかで「情動的な紐帯」、そして対話的コミュニティの可能性を追求しようとすれば、必然的に人間の人間にたいする喚起や問いかけというテーマ設定を超えて、それらのあり方を模索していく必要があるだろう。

たとえば今後、機械を「異質な他者」ではなく「親密な他者」、つまり「人間としてある他者」として捉え直すことが必要になってくるかもしれない。そうすると、これまでは人びとの間でみられた「生活の共同」に機械が分け入ってくるとともに、帰属としてのコミュニティがいままで以上に多義性を帯びるようになるだろう。もっとも、このことが「生活の共同」のバーチャル化、制度や機構、特定の空間などからの離脱を示すものであるとは必ずしもいえないが、そのことによってコミュニティのメンバーシップそのもの、あるいはその基底をなす「住まうこと」のありようが大きく問われるようになることは否めないだろう。

†もうひとつのコスモポリタニズム

ブライドッティはベックのいう「第二の近代」において立ちあらわれるコスモポリタン化の動向を見据えながら、「第一の近代」において主潮となっていた伝統的なコスモポリタニズムとは異なる、もうひとつのコスモポリタニズムを提唱した。ここで柱になっているのは、人間と人間の間で互いに同じ「人間」と見なすこと、つまり「違い」／差異（本章では異他的と表現した）を踏まえた上で同じ社会のメンバーとして認め合うことにもとづく社会を構築するという考え方である。

だからこそ、もうひとつのコスモポリタニズムでは、伝統的なコスモポリタニズムが「普遍的な人間」の外に置いた女、ノンホワイト、子ども、障害者を意識的に社会の前面に据え直そうとした。そしてそうすることによって、ベックのいう「第一の近代」における社会を特徴づけていたさまざまな境界／ディバイドの崩壊を示そうとしたのである。

本章では、もうひとつのコスモポリタニズムを宿す可能性のあるコスモポリタン化を担い支える主体として、多元的で複合的な自己のせめぎあいのなかから立ちあらわれる人間像に着目し、そうした人間像をベースに据え、境界のなかでしか存在しない連帯やアイデンティティに依拠するのではなく、むしろ混交と競合、相互交渉、そしてたえず再編成を繰り返す「公共空間」のようなものとしてコミュニティを措定した。

こうしたコミュニティは、異なる人びとの間の対話、コミュニケーションを軸にして絶えず生成し、状況依存的であること、すなわち創発的（emergent）であることといった特徴を持っている。ブライドッティは、そこから高度に関係的なものとして立ちあらわれるコミュニティの動態を、ハイブリッド、ディアスポラ、クレオールといった言葉で説明している。対話、コミュニケーションは基本的にムフのいう「情動的な紐帯」としてある。それをここでは序章で触れた鷲田清一のいうコ・プレゼンス、さらに「喚起」と声かけによって表現し、同時にコミュニティへのイニシエーションにつながることも指摘した。

こうしてみると、今日「見知らぬ人」を「異なる他者」として外に置くような「定住」を与件としながら、コミュニティを語ることは必ずしも適切ではない。もちろん帰属としてのコミュニティを語ることは全面的に否定されるべきではない。しかしその場合、多元的で複合的なアイデンティティに常にさらされていることを忘れてはならない。そこで鍵となるのが異他的な出会いであり、それによって「生活の共同」が内に閉じるのではなく、外に広がることになるのである。

なお、本章ではAI化についても触れた。AI化はたしかに「生活の共同」の根底にあるものを大きく揺るがし、コミュニティをきわめて多義的なものにする可能性がある。コスモポリタン化におけるコミュニティのあり方が問われる背景には、世界の至るところでネオリベラリズム的なグローバリゼーションが進展するとともに格差や不平等が広がり、偏狂なナショナリズムやそれと結びついた排外主義が吹き荒れているという状況がある。これらは部分的に民族的・宗教的な多文化主義の復興と響き合ってあらわれており、ポピュリズムの台頭とも響き合っている。さらにAI化の進展が、こうした状況をきわめて不透明なものにしている。

AI化は果たして、排外的ナショナリズムを阻止することになるのか、それとも助長することになるのか。いま述べたような状況の下で、人びとの間で得体の知れない不安感や恐怖感が高まっている。本章でコミュニティの「はじまり」として捉えた「情動的な紐帯」も見方を変えれば、不安や恐怖にたいする代償的なリアクションを示すものであるといえなくもない。いずれにせよ、人びとはコスモポリタン化のなかで、いまどこにいて、これからどこに行こうとしているのかを問い始めたのである。

Ⅲ ボーダーとボーダーレス

自治会による公園清掃活動

第七章　サロンとコミュニティ――コ・プレゼンスのゆくえ

1　コ・プレゼンスとは何か

†対話型のコミュニティに向けて

二〇一一年三月一一日に起きた福島原発爆発事故は未曾有の自然的、社会的被害をもたらした。そしていまなお、多くの人びとがその惨禍から抜け出せないでいる。しかしそうした状況は社会全体から急速に忘れさられようとしている。

本章では、その原発爆発事故によって全町避難を余儀なくされた大熊町（周知のようにイチエフに隣接しており、全町の96パーセントが帰還困難区域となっている）をとりあげ、その被災先の一つである会津若松市で被災者の間から立ち上がったFサロンに焦点をあわせて、そこでみられた人びとの間の「生活の共同」のありようを検討する。このサロンは後述するように、避難直後に市内一二カ所でできた仮設住宅の自治会の一つ（二〇一一年七月三〇日結成）をベースにして立ち上がったものである。このＦサロンの活動の実態については、すでに別のところで詳しく述べている（吉原 二〇一三）。そこで本書で再度Ｆサロンを取り上げることの理由を最初に簡単に説明しておく。

まずひとつは、本書の序章で言及したコ・プレゼンスのありようを、Ｆサロンが原的、かつ端緒的に示しているように思われるからである。後述するように、Ｆサロンはボランティアを積極的に導入することによって、被災者たちが異他的な他者と出会う機会をつくった。そして異他的な他者が被災者たちに寄り添う一方で、被災者たちが異他的な他者に寄り添われることによって、両者が相互に自分たちの置かれている立ち位置をより開かれた地平でたしかめるようになった。ここで重要なことは、コ・プレゼンスが通常理解されているような内に閉じられたものとしてではなく、外に開かれたものとしてあったという点である。このことはサロンが今後のコミュニティのあり方にたいして、ある種の方向性・範型を提示していると考えることができる。

さて以上のことと関連して、いまひとつの理由として、サロンが実質的に先にとりあげたデランティのいう「対話的なコミュニティ」の内実を担保していたことがあげられる。

ちなみに、Ｆサロンが出自することになった自治会は、他の一一の自治会が旧行政区ごとに被災者を束ねた、同質性にねざす「上から」のコミュニティとしての性格を色濃くとどめていたのにたいして、さまざまな行政区住民をゆるやかに糾合したハイブリッド（異種混淆）型のものであった（詳しくは後述する）。したがってそこから立ち上がったサロンは、構造的に異質性にもとづく「対話型のコミュニティ」をはぐくむ条件をかねそなえていたのである。そしてそうだからこそ、コ・プレゼンスのありようを経験的に示すことができたといえる。

いずれにせよ、以上のような理由でＦサロンを取り上げ、それをコ・プレゼンスの経験的地層につなげることは、本書をつらぬくテーマの深化にとってきわめて意義深いものであるし、ある種の必然性がある、と考えられる。そこでまず、コ・プレゼンスの経験的位相に分け入るまえに、その思想的な位置づけをこころみよう。

†さまざまな定式化

コ・プレゼンスについて先見的な位置づけを行っているのは鷲田清一である。鷲田はこれについて「『聴く』ことの力」から入って、そこからコ・プレゼンス、つまり「居合わせること」へとつなげている（鷲田 二〇一五）。鷲田によれば、「居合わせること」は「他者のいるその場所に特別の条件なしにともにいること」、つまり「何の留保もなしに『苦しむひと』がいるという、ただそれだけの理由で他者のもとにいるということ」になる。そういう点でいうと、この「居合わせる」ことは無条件に存立するものである。つまり無条件に「傍らにいる」、「隣り合わせる」、「寄りそう」ということになるのである。

この「居合わせること」に語源に立ち返って深みと広がりを与えているのが、大黒俊二である。大黒は次のようにいう。

「西洋諸語の中にはこれに類する語は他にもいくつかある。一つは『スタンバイ』stand by という成句である。これは文字通りには『そばに立つ』の意であるが、同時に『待つ』、『助ける』の意味を合わせもっている。すなわち、『そばに立つ』とは『寄りそう』ことであり、『寄り添って』ひたすら『待つ』ことが『助ける』ことにつながるのである。ドイツ語の beistehen も同様で、bei（=by）と stehen（=stand）の組み合わせで『助ける』の意味を有している。また多くの西洋諸語に取り入れられている assist（英）も同じ発想の語である。この語はラテン語の assistere に由来し、これは ad（そばに）+sistere（立つ）という構成でやはり『そばに立つ』から『助ける』の意味が生じている。」（大黒 二〇一八：二三九-二四〇）

もっとも、社会学からみると、鷲田らの議論は、たしかに本質はついているものの、とても静態的で規範的な議論になっているという印象はぬぐえない。実はその点について強く意識しているのが、似田貝香門である。序章でも紹介した通り似田貝はコ・プレゼンスという概念を、「共にある」、「共同出現」という概念に組み替えて用いている。似出貝はこの概念をボランティア活動に深く関わるなかで、活動を通して得られた実践知の構築を通して練り上げている。序章でも引いたが、似田貝は次のようにいっている。

「苦しみに偶然〈出会う〉人間が、この『苦しみ』と〈居合わせる〉ことにより、受難=受動の様相に置かれ、ここから提起されたテーマや課題に対し、否応なく立ち上がる〈共に―ある〉という〈共同出現〉的な主体、すなわち〈われわれ〉という〈主体の複数性〉の形成の可能性を考えたく思う。」(似田貝 二〇〇八:四〜五)

こうした主張は、明らかにアーレントの議論などとも響き合っているが、結局のところ、静的なものから動的なものへと組み替えていくことが重要であると述べているのである。

†「近接性」と主体の複数性

それではコ・プレゼンスを応用的な場面に置き直した場合、どういうことが言えるのであろうか。つまり、より実践的な文脈に落としてみたときにどういうことが言えるのであろうか。一つは「近接性」がポイントになると考えられるが、そこであらためて課題となるのは、この「近接性」を実践的な文脈でどう発見するかという点である。この点に関して似田貝が主張しているところを敷衍してみると、だいたい次のようにいうことができよう。

「近接性」は、「『語る』―『聴く』ことによってそのつど、一時的、局所的にきりむすばれる関係」を作りだす「生成の時間」によって生みだされる。ここで時間というのは、ブロック単位のものではなくて、まさに起こっている時間のことであり、それが横に広がっていくような位相的な空間を広げていくのに不可欠な「近傍による接近」をもたらす。そしてそうであればこそ、「語る」―「聴く」ということを、時間と空間のなかでもう一回検証してみることが必要になってくるのである。

さらに、上述の「近接性」に関連して主体の複数性の確保が絶対的な要件となる。主体の複数性にもとづいて動態的な共同性が形成され、多様な生き方、住まい方が許容されるようになるのである。またこの「近接性」をさらに深く読み込んでいくと、高橋哲哉が戦後日本を通底しているとする「犠牲にする者」と「犠牲にされる者」との関係（高橋 二〇一二）を「支援者」と「被災者」との関係へとカテゴリー・チェンジする必要性が出てくる。この「支援者」と「被災者」は、何よりも同じ日常的生活者として、ハイデガーに倣っていうと、「世界内存在」として出会うことになる。いずれにせよ、こうしてみるとコ・プレゼンスを「近接性」―始原に立ち返って捉え直すことがいかに重要であるかがわかる。

なお、以上の「近接性」について社会学の中心的なテーマである「社会的なもの」に引き寄せて別の読み方をすると、たとえばジンメルの社会学、また社会学を離れたところでは複雑系の議論等が視野に入ってくる。さらにそうしたものから派生する生の偶然性やあらたな親密性、あるいは創発性（emergence）等といったさまざまな命題を「近接性」とかかわらせて論じると、議論がいっそう広がると思われる。なお、創発性については本書第一章でやや詳しく述べたが、後ほどあらためて言及する。

さて、コ・プレゼンスから「近接性」にいたる概念的説明はこのくらいにして、そろそろ経験的な地層に分け入ることにする。以下、「はじめに」で言及したように、サロンに照準を据えて、コ・プレゼンスの経験的地層をさぐることにする。

2　コ・プレゼンスへ——ひとつの経験的地層

†Fサロンの出自

周知のように、二〇一一年三月一一日に福島第一原発が爆発し、大熊町の住民は被曝から身を守るために県内外の各所に避難した。そして多くの住民は避難先で設営された仮設住宅に身を寄せた。ちなみに、いわき市とともに多くの避難者が押し寄せた会津若松市では、12の仮設住宅が作られた。そしてほどなくしてそれぞれの仮設住宅に自治会が結成された（表7－1参照）。それらの自治会は、「元あるコミュニティの維持」という国の方針にしたがって行政主導で作られた。したがって当初から「国策自治会」と呼んでいいような性格を色濃く帯びていた。サロンはそうした自治会から立ち上がったものであるが、ここでとりあげるのは、最初に立ち上がったFサロンである。それは具体的には、町包括支援センター主催の「いきいき教室」に参加した人たちが中心になって、仮設集会所に一週間に一回「集まろう」ということから始まった。

ところでFサロンの場合、自治会から立ち上がったものの、他のサロンとは違って、旧

	完成年月（戸数）	自治会結成年月	結成のきっかけ	自治会長の前職
松長近隣公園	2011年7月（249戸）	2011年7月	不明	区長
河東学園	2011年6月（83戸）	2011年7月	有志の呼びかけ	区長
扇町1号公園	2011年5月（82戸）	2011年8月	役場のはたらきかけ	区長
亀公園	2011年5月（30戸）	2011年7月	不明	
松長5号公園	2011年6月（19戸）	2011年8月	不明	
みどり公園	2011年6月（18戸）	2011年8月	役場のはたらきかけ	副区長、自治会長
扇町5号公園	2011年6月（15戸）	2011年8月	役場のはたらきかけ	区長
第二中学校西	2011年6月（26戸）	2011年8月	不明	
東部公園	2011年5月（50戸）	2011年8月	役場のはたらきかけ	
城北小学校北	2011年8月（54戸）	2011年11月	不明	区長
河東町金道地区	2011年10月（58戸）	2011年12月	不明	区長
一箕町長原地区	2011年11月（200戸）	2011年12月	有志の呼びかけ	区長

表7-1　仮設住宅自治会の結成年月、結成のきっかけ及び自治会長の前職
出所）大熊町資料およびヒヤリング結果より作成

行政区単位で入居が行われた仮設住宅の自治会（いわゆる「国策自治会」）を土台としていない。つまり同じ大熊町民とはいえ、異なった町内・近隣の人びと、しかも高齢者や身体の不自由な人びとが行政区に関係なく寄り集まってできた自治会を母体としている。そうした点で、Fサロンはもともと「元あるコミュニティ」から離れたところから出発しているといえる。このことは別の言い方をすると、Fサロンは当初から後述する他者性、対他姓を兼ね備えていたということになる。このことはサロンの性格を語る場合にきわめて重要な意味をもっている。

ちなみに、サロン自体は表7-2にみられるように、大熊町住民の広域的な避難に伴って、県全域にできている。そしてそれらはほとんどが広域自治会を背景としており、その点ではFサロンと多少とも似通ったところがある。

地区	サロン名
会津地区（大熊町社会福祉協議会）	「なごみ」in 門田、「げんき」in　日新、「ひまわり」in 一箕、喜多方サロン cf. 会津地区つながっぺ！　おおくま日帰り交流会
いわき地区（大熊町社会福祉協議会いわき連絡所）	いわき四倉アロン、サポートセンターサロン、いわき植田サロン、「ひなたぼっこ」（平）、大熊町交流カフェ、いわき鹿島サロン、いわき泉サロン、いわき草野サロン、いわき内郷サロン、いわき磐崎サロン cf. いわき地区つながっぺ！　おおくま日帰り交流会
中通り地区（大熊町社会福祉協議会中通り連絡所）	サロンつながっぺおおくまinこおりやま（郡山市）、茶話カフェRococo～ろここ～（郡山市）、ホットサロン「てって」（福島市）、気軽に集まっぺ「もみの木」（白河市ほか県南地域）、「こらんしょ　大熊」（福島市ほか県北地域）、「げんきが～い」（伊達市）大玉村社協サロン cf. 中通り地区つながっぺ！　おおくま日帰り交流会
相馬地区	借り上げ住宅サロン（相馬市）、かしまに集まっ会（南相馬市）

表 7-2　サロンの展開
注）表中、（　）内は連絡事務所をあらわす
出所）吉原（2016：147）より引用

†Fサロンにおける「異なる他者」との出会い

それでは、Fサロンで何をしているかというと、とりたてて新しいことをやっているわけではない。表7－3はFサロンの二〇一三年度の活動をみたものだが、お茶会、食事会、健康相談、介護相談、レクリエーション等、かつて自治会活動の定番といわれたものを行っている。そこには、小物づくりとか趣味的なものだけでなく、クリスマス会やひな祭り、花見等といった、普段の日本人が四季折々において繰り広げてきたものも含まれている。

もっともそれだけではない。たとえば、賠償や補償に関する弁護士との懇談、あるいは、地元議会への折衝等、生活の復旧に直接かかわることも行っている。しかしいずれにせよ、被災地の自治会で普通みられるような活動を一応満遍なくやっ

ているにすぎない。

注目されるのは、避難者がこのFサロンを通して、「元あるコミュニティ」では実現不可能である「異なる他者」、それも自分たち以上に「弱い他者」としてパッケージされ、周縁に置かれ続けてきた人びとと交わり、関心が外に向かうようになったことである。しかし「異なる他者」との出会いということでいえば、サロンの活動を通して全国各地からのボランティアとの交流を深めるようになったことの持つ意味が大きい。なぜなら、そのことによって、サロンが避難者にとってもボランティアにとってもあらたな社会的経験の場となっているからである。

ボランティアが入ることによって、サロンで「被災者」と「支援者」が出会い、集

活動内容	回数	活動内容	回数
お茶会	196	押し花作り	1
食事会	3	手芸	1
健康相談	42	クリスマス会	3
介護相談	9	書初め	4
血圧測定	3	ひな祭り	5
レクリエーション	20	花見	5
ヨガ体操	8	餅つき	3
ラダーゲッター＊	6	豆まき	3
軽体操	5	七夕飾りつくり	2
周辺散歩	3	コミュニケーション麻雀	7
ピンポン	1	マジックショー	2
小物作り	26	男の料理	2
フラワーアレンジメント	3	落語	1
アレンジメント	3	弁護士との座談会	3
バルーンアート制作	2	園児との交流会	2
和紙小物作り	2	議会との懇談会	1

表7-3　サロンの活動内容（2013年4月〜2014年3月）

注）＊は、ロープでつながれた2本のゴムまりをはしご（ラダー）に向かって投げる遊び。ラダーに引っかかるとポイントになる

出所）吉原（2016：147）より引用。ただし、再掲にあたって表中の数字（一部）を修正

い、そしていろいろなおしゃべりをすることが可能になった。つまり、「被災者」と「支援者」が向き合い、自分たちとは違う他者、あるいは「よその人」と交わり、文字通り気楽におしゃべりをするようになったのである。そしてこのことを通して、自分たちの抱えているイッシューを少し距離を置いて考えるようになった。それがあらためて意味をもつのは、ある種の他者性の獲得が重要なモーメントとなっているからである。

平たくいうと、しゃべること、そして活動を「共にする」ことによって、「他者」、「外部」との違いを認識するとともに、自分たちの置かれている位置／状況を、より広い視野の下で、いわば対他的に確認し合うことが可能になる。ちなみに、平井京之助はそうした他者性、対他性を「実践としてのコミュニティ」を構成する重要なファクターであると捉えている（平井 二〇一二）。

†被害者意識と加害者意識の共在

ところで、対他的な自己確認のあり方についていうと、以下のようなことも大きいと考えられる。大多数の大熊町民は、いうまでもなく、自分たちは被害者だという意識を強く抱いている。そして原発事故によって難民、棄民の状態を強いられていると感じている。実際、人間らしさを否定するような受忍の環境に加えて、社会全体が自分たちの悲惨な経験を忘却の河に流してしまおうとすることに、「被災者」はやり場のない憤りとたとえようもない暴力性を感じ取るとともに、底のない無念さと絶望に襲われるのである。しかし外部の「他者」と交わることによって、そしてよりダイレクトにかれら／かの女らに寄り添われることによって、（消極的にではあれ）無念さや絶望を被害者意識を超えて何らかの「かたち」で示すことになった。

他方、「被災者」に寄り添う「支援者」にとって、「被災者」にたいする内に閉じた、ある意味で被害者意識の逆像となっている加害者意識は、「被災者」に寄り添われることによって何ほどか相対化することができるようになった。こうして「被災者」の抱く被害者意識と「支援者」が抱く加害者意識は、相互に開かれた他者性、対他性を通して響き合い、「共在する関係」になった。だからこそ、「被災者」にとっていっときも手放すことのできない人間としての「誇り」があるとすれば、「支援者」にとってもそれはかけがえのないものになるのである。必然的に、「被災者」にとっても「支援者」にとっても、そうした「誇り」を維持し、互いの存在を承認するということが、人間的復興に向けての不可欠の課題となる。

ここでは、一見何の変哲もない「おしゃべりの場」のようにみえるサロンが、そうした「誇り」の維持、存在に一定程度かかわり、そのことによってコ・プレゼンスの端緒的形態を宿すようになっていることが見てとれる。

†コ・プレゼンス成立のための基礎的要件

もちろん、こうした捉え方にたいして異論が出されることは十分にあり得よう。最も対極をなすと思われる意見は、ここで指摘するような他者性、対他性の論理は、それ自体、ネオリベラリズム的なガバメントの機制（しくみ）の中にすっぽり組み込まれてしまっているのではないかというものである。ここではそのことを否定しない。この間、被災の現場で目撃してきたことの一つは、共同体主義の文脈でこの他者性、対他性を取り込もうとするネオリベラリズム的なコミュニティ施策の動きであった。とはいえ、「被災者」と「支援者」が向き合って自分たちをもう一回見つめ直すという経験は、コ・プレゼンス成立のための基礎的要件をなすものとして無視できない。

何よりもここで指摘しておきたいのは、Fサロンにおいて「よその人」の目が息づくとともに、自分たちの思いが「よその人」に伝わっていくことが可能になったことである。もちろん、被災者の感情というものは抜きがたくある。無念の思いもある。それらを外部の力によって意図的に零にすることは許されない（残念ながら、昨今、そうした動きが強まっている）。重要なのは、その無念の思いにただ沈んでいるのではなく、またうずくまっているのでもない、ほんの微かなものであっても主体的な生き方を求めて立ちあがる「被災者」の動きがサロンにおいて見え隠れしていたことである。

3 コ・プレゼンスから――経験的地層をつらぬくもの

†創発性のメカニズム

ここでFサロンが宿すコ・プレゼンスからみえてくるものについて言及しておきたい。一つは、既述した「近接性」の再発見↓「新しい近隣」の発見に関連している。アーレントおよび齋藤純一よれば、その基層にあるのは、同一性ではなく「相互性」によって媒介された「共同性」であり「公共性」である（齋藤 二〇一三）。第三章でとりあげたが、ジェイコブズは、『アメリカ大都市の死と生』において、ほぼ同じ文脈に立って、近隣の再審を行っている（ジェイコブズ 二〇一〇）。そして創発性のメカニズムを浮き彫りにしている。以下、紙幅の許す範囲内で、この創発性について触れておく。

アーリは、『グローバルな複雑性』のなかで創発性を、「不均等で平衡から遠く離れた相互依存プロセスの諸集合を映しとらえるもの」、「そこで観取される相互作用が多様で重なり合った……ネットワークと流動体を通じてリレーされ、実にさまざまな時間スケール上に広がってゆく」と述べている（アーリ 二〇一四）。このアーリの言説を私なりに敷衍して述べると、次のようになる（再出）。

「それ（『創発的なもの』として言及される状況）は、複数の主体（変化をもたらす行為主体《エージェント》）が相互作用を介して行為することで、個々の行為を越えて新たな集合的特性／質的に新しい関係が生み出されることである。ここで着目しなければならないのは、上述の相互作用によってさまざまなつながりが交互に並び合い、交わり合い、結び合い、そして影響し合って、『予測のつかない突然の変化』（アーリ）が起こることであるが、その場合、重要なのは、変化に対して構成諸主体が能動的に対応し、より高次の特性を生み出す（＝創発する）という点である。つまり、『創発的なもの』とは、諸主体間の交流としてある相互作用が新たな変化をもたらし、そうした変化が累積されることで人びとのつながりとか関係などが変わり、システム自体の構造が変わっていくプロセスに主軸が置かれているのである。」（吉原 二〇一一：三五九〜三六〇）

ここで「リゾーム」という言葉で言いあらわされる、根茎状に立ち上がるシステムのようなものを想い起こすことができるが、創発性を最も体系的に説明しているのは「節合」(articulation)という概念である。この概念についてはすでに言及したが、労をいとわず繰り返すと、おおむね次のようにいえる。それはもともと言語活動／現象を説明するために編み出されたものであるが、ラクラウは、これを制度や組織の変容に照準した社会的実践の文脈で展開している(ラクラウ&ムフ 一九九二)。ラクラウによれば、それは(それなしには)互いにいかなる関係も存在しえなかった諸要素をつなぎとめ、新しい構成体へと連結する実践ということになる。ちなみに、この「節合」をもっとも達意に説明しているのがアフォーダンスの議論である。それは一言でいうと、「自分の振る舞いが環境に変化を引き起こし、その変化が再帰的に自分に影響を与える循環的過程」(河野 二〇〇八:二四四)として説明するものである。これからもわかるように、「ある程度まで一方が他方に入り込んで適合する」という、位相的な関係に基軸を据えるのがこの議論の特徴である。

†「越境的 dynamism」

なお、サロンに立ち返って「創発性」―「節合」の意味するものをさらにさぐってみると、似田貝のいう「隙間」のメカニズム、そしてそこをつらぬく「越境的 dynamism」が浮かび上がってくる。ちなみに、似田貝はそれを次のように述べている(ただし、引用にあたって一部原語表記を割愛）。

「世界は構成されてゆくものであるとする捉え方に立脚すると、新しい出来事、変化の徴候、新しい行為が産出されるその縁に想定される〈隙間（間・境界・裂け目）〉の、意味と〈隙間〉の只中に生起する、諸出来事間の相互作用、相互関係による形態変化のdynamismに注目したくなる。こうしたdynamismは以下にみるように、既知、秩序、制度、組織、構造の境界を越境し、新しい意味、行為を形成・変形するという、不安定なカオスと秩序の〈相互浸透〉を生み出す源となる。この越境性という運動は、転位、移行、変形という〈越境的dynamism〉固有の運動を現出させる。新しい出来事の生起によって現れる未知、不明の空白たる〈隙間〉の只中では、この新しい出来事に余儀なく関与する主体が、この出来事を潜在的、可能的な対象（新しい行為として創造）へと転換させるという実践の時間性と空間性の様相に着目することによって、はじめて出来事間の相互作用から相互関係へ、更に組織へと形態変化していくダイナミズムを知ることができるであろう。〈越境的dynamism〉とは、〈隙間〉の実践の場で出現しつつある新しい出来事との相互作用において、関与する行為者が、この出来事から回避することなく、むしろそれを潜在的、可能的な対象（新しい行為として創造）へと転換させ、かつそ

れを制度体と〈結びつけ〉［結びつける・接合・取りこみ］るとき生起する動きである。」（似田貝 二〇一二：三九）

たぶんにアクロバティックな議論になっているが、要するに新たな出来事の生起と位階層的な秩序形成、そしてそこに立ちあらわれる新しい意味と行為を、〈出会い〉にもとづく主体間の相互作用の場面からとらえた上で、それらが競争的、相補的、対立的にあらわれる状況を「隙間」の〈越境的dynamism〉として表現しているのであろう。とすれば、差異的関係性が新しい集合性／結合の可能性をはぐくむようなものとしてあるサロン自体、ある種の「隙間」としてあり、そこに「越境的dynamism」を観て取ることができよう。もはや繰り返すまでもないが、ここでいう「隙間」、そして「越境的dynamism」こそ、「創発性」――「節合」のメカニズムの中核をなすものであり、その複雑な現実形態をときあかす鍵となるものである。

†帰属としてのコミュニティに向けて

以上、コ・プレゼンスの経験的地層をFサロンのありようを通して浮き彫りにすることにつとめたが、結局のところ、そこから析出されたのは創発性のメカニズムと越境的ダイナミズムであった。それでは、このメカニズムとダイナミズムにもとづいてコミュニティのありようを見据えた場合、いったいどのようなコミュニティをリアルなものとして捉えることができるのであろうか。

ここではとりあえずコミュニティを帰属に照準をあわせて議論するとして、コミュニティを物理的近接にもとづく帰属からなるというとらえ方がもはや有効でないことは明らかである。たしかに絶望と不安定性が入り混じる避難者の世界では、「土地につながれた共同体」への帰属がもたらす心地よさへの願望は何ほどか存在する。しかしその一方で、避難者の流浪する「生活の共同」にねざすコミュニティがそうした願望を抱えきれなくなっているのも事実である。創発性のメカニズムと越境的ダイナミズムがリアルなものとして立ちあらわれているのは、まぎれもなく一定の土地を前提としない帰属としてのコミュニティである。

この点で、デランティが提唱する「対話的なコミュニティ」はきわめて示唆に富む。先に言及したが、デランティによると、コミュニティは帰属と密接に関連しているが、それは制度的なものや空間的に固定されたものにではなく、「帰属のあり方について語り合う能力」に根ざしており、「対話《コミュニカテイヴ》的なプロセスの中で構築されるものである」という(デランティ 二〇〇六:二六一)。こうして帰属の軸線が「固定的なもの」から「流動的なもの」

へと移される。

ここで要をなすのは、帰属そのものが「複数的なもの」であり、その上で「コミュニケーションへの参加」が強調されていることである。もちろん場所についても言及されているが、そこには「囲われたもの」、「永続的なもの」という意味は含まれていない。場所としてあるのは、たえず揺れ動き、外に広がる関係性とともにあるものである。あらためて指摘するまでもないが、そうした関係性はみてきたような創発性のメカニズムと越境的ダイナミズムに深く足を下ろしているからこそ、「内在に還ることなく、〈外〉に向って開かれる」(ブランショ 一九八四:一八五)ということになるのである。

ともあれ、ここで強調したかったのは、事例に即していうと、避難者と遠くの異なる「他者」がともにいること、すなわちコ・プレゼンスからすべてがはじまっているということ、そしてより一般論的なレベルで、これまでの定住をアプリオリに措定するコミュニティ論のリアリティが問われているということである。いうまでもなく、こうした課題設定の下で、今後、アーリ等によって展開されてきた、アイデンティティは場所に根ざすよりも動きながら形成され維持される諸関係を通して生み出されるとする言説や筆者の提唱する「コミュニティ・オン・ザ・ムーブ」の概念(吉原 二〇一六)などの理論的有効性が検討されることになるだろう。またその延長線上で主体の複数性にもとづいて、動態的な共同性が形成され、多様な生き方、住まい方が許容されるようになるコミュニティ形成の要件がさぐられることになるだろう。

第八章

弱さと向き合うコミュニティ

1　壁のないゲーテッド・コミュニティ

†つくられる弱者

前章では、原発爆発事故によって避難を余儀なくされた被災者の間から立ち上がったサロンに焦点をあわせて、コ・プレゼンスのありようについて検討した。そこでは「被災者」と「支援者」が活動を「共にする」ことによって、自分たちの置かれている位置／状況を対他的に確認することが可能になったこと、そしてそうした対他的な相互作用が「被災者」と「支援者」の間にあって「隙間」の〈越境的 dynamism〉を示していることが明らかにされた。さてその場合、「被災者」が「支援者」に「異なる他者」として、また後者が前者に「弱い他者」として向き合うところから立ちあらわれる「対話的なコミュニティ」の内実を問うことが主たるテーマとなったが、あらためて問題となるのは、弱者、〈弱さ〉はそもそもコミュニティにおいてどのような意味を持つのであろうかという点である。

本章では、横浜郊外のあるゲーテッド・コミュニティで起ったことを事例にして、このことを考えてみたい。

そこでまず、高橋源一郎の以下の言葉を引用することから始める。

「社会的弱者と呼ばれる存在がある。たとえば、『精神障害者』、『身体障碍者』、介護を必要とする老人、難病にかかっている人、等々である。あるいは、財産や身寄りのない老人、寡婦、母子家庭の親子も、多くは、その範疇《はんちゅう》に入るかもしれない。自立して生きることができない、という点なら、子どもはすべてそうであるし、『老い』てゆく人びともすべて『弱者』にカウントされるだろう。さまざまな『差別』に悩む人びと、国籍の問題で悩まなければならない人びと、移民や海外からの出稼ぎ、といった社会の構造によって作りだされた『弱者』も存在する。それら、あらゆる『弱者』に共通するのは、社会が、その『弱者』という存在を、厄介なものであると考えていることだ。そして、社会は、彼ら『弱者』を目障りであって、できるならば、消してしまいたいなあ、そうでなければ、隠蔽《いんぺい》するべきだと考えるのである。」（高橋・辻 二〇一四：一一〜一二）

本章では、ここでいわれる「弱者」、そのなかでも「弱者」の象徴的存在としてしばしば取り上げられる障害者を念頭において議論を展開する。その際、ポスト・ヒューマンの時代にあって機械的に障害者イコール弱者と捉えるなら、単焦点化の弊を逸れないとする声があがっていることを踏まえた上で、さしあたり以下の点を確認しておきたい。

身体を自然なものと見なし、その上で健常と障害という自明視された二分法の下に障害者をアプリオリに弱者と決めつける捉え方、つまり初めから弱い存在とする見方は、今日根強く存在する。しかしマイケル・オリバーが指摘するように、こうした捉え方・見方は障害者が明らかに社会によってつくられたもの、すなわち「社会的なもの」であることを理解していない（オリバー 二〇〇六）。オリバーによると、こうした無理解は、医療イデオロギーの分野でも広く見られるという。

こうしたオリバーの議論は、AIを含む先端科学（遺伝子工学や生殖科学など）が今後進展すれば、宙づりになる可能性があるが、私たちの生活世界において、さまざまな形で存在する「生活の共同」のレベルでは、障害者は明らかに「社会的なもの」であり、「弱者」

は社会によってつくり出されたものである。つまり障害者は今日に至るまで障害者＝弱者というラベリングの下で、常に健常を「正常」とする社会の「外」に置かれてきた。その点で障害者は女性、ノンホワイト、子どもなどと「横並び」で捉えることができる。

†障害者とコミュニティ

ところでコミュニティに関連して言うと、障害者は長い間、正常なメンバーシップの要件を兼ね備えていない者としてそれぞれの家庭に隠されてしまうか、施設に隔離（収容）されてしまうかであった。そのためコミュニティの社会設計から取り残されてきた。もちろん制度としては福祉コミュニティという領域はある。しかしそこでは、施設体系などについては細かく議論するが、障害者を社会にどう位置づけるかといったような議論は希薄であった。先ほど障害者は女性や子どもと「横並び」であると述べたが、コミュニティの社会設計においては必ずしもそうではない。女性や子どもはある程度社会設計の中に組み込まれているが、障害者はそこから外されている。あえてオリバーの言葉を援用すると、コミュニティとは「境界線の政治」が最も貫徹する場であったのである。

ところが、個人化が進展し、その基層をなす人びとの「生活の共同」のありようがより外に開く方向で模索されるようになるなかで、これまで「外」に置いてきた「異なる他者」＝「弱者」をむしろ社会に包み込まざるを得なくなった。そしてそうした「異なる他者」＝「弱者」のひとつとして障害者にまなざしが向けられるようになったのである。このことは「後付け」ではあるが、コミュニティに多様性認識をもたらすことになった。

さて障害者を「異なる他者」＝「弱者」として社会に取り込むには、かれら／かの女らにたいするまなざしを深め、承認するとともに、これまでかれら／かの女らが抱えてきた、自然視されてきた弱さを「社会的なもの」に変換する必要がある。しかし私たちの周りのコミュニティにはそうした仕組みがまだできていないため、現状としては弱さをもつ側が「社会的なもの」へと変換されるのを待つしかない。実際、この過程はようやく始まったばかりで、それでいてきわめて複雑な様相を示している。

本章では、そうした様相をSさんという横浜の郊外に住むひとりの女性（五〇代前半）の語りを中心にして検討する。Sさんはダウン症のKくん（現在一一歳）の母親であるが、現在、Kくんを通して障害者のコミュニティへの社会参加のありようを探っており、そこでは障害者の弱さをどう捉えるかが鍵になると考えている。Sさんによると、それは自然にできあがったものではなく、社会的、歴史的に形成されてきたものであり、そうであればこそ、弱さは社会の再形成のひとつの契機になり得るのではないかと考えている。

ちなみに、Sさんには二〇一九年二〜六月、前後四回にわたってヒアリングを行ったが、

Sさんは常にKくんに寄り添い、その日常は気づきの連続であるという。ここではSさんのスタンスを共有しながら、『『異なる他者』とともにあるコミュニティはいかにして可能か？』という本書を通底する論題設定の下に、「弱さと向き合うコミュニティ」のありようについて考えてみたい。併せて、「人間としての多様性」の意味についても言及したい。

†「内」と「外」にたいする境界

Sさんとくんが暮らしているところは、一言でいえば壁のないゲーテッド・コミュニティである。まずかれらの住んでいる地域の素描から始めよう。そこは横浜郊外の見晴らしのよい小高い丘の上にある高級住宅地である。いまから五年ほど前、ここを訪れたある雑誌記者がこの住宅地を次のように点描している。

「一戸当たり八〇坪以上の広々とした区画には、庭付きの立派な住宅が建ち並ぶ。周囲には商業施設がほぼ見当たらず、木の葉が舞い落ちる音さえ明瞭に聞こえるほどの静かな地域である。

今から三〇年前。ここは一区画あたり一億円を下らない価格で分譲された。折しもバブル経済の絶頂に向かって日本全体が活気に満ちていたころ。土地価格が上がり続け、郊外の一戸建てを求める需要も活発だった。政治家やパイロット、大企業の役員らがこぞってこの地の家を買い求め、朝夕の通勤時間帯にはハイヤーが行き交った。

［ところが］この一戸建てを購入した世代の多くは、現在七〇代。子どもたちは進学や就職、結婚を機に都心へ住まいを移し、交通の便が悪い実家には戻ってこない。その結果、高齢世帯や高齢単身者の世帯が多数を占めるようになった。」

ここでは建築協定を結んでいるので、商店は入ることができない。建蔽率は当初三〇〜四〇％、現在は三〇〜六〇％で、かなりよい住宅環境であるといえる。この住宅地はこれまで三〇年間近くにわたり、周辺地区と合同で委員会を立ち上げ、道路建設反対運動を繰り広げてきた。そうした点では、地区としての凝集性はきわめて高い。もともとこの地区は斜面を削った住宅地であり、外に出るには谷に沿って存在する道路を通るしかない。明確なゲートはないが出入り口が二箇所しかなく、実質的にはゲーテッド・コミュニティであると言える。雑誌記者が指摘しているように住民の階層は比較的高いうえ同質的であり、立地上の特性から必然的に凝集性が高くなる。こうした凝集性は「外」にたいしてだけでなく、「内」にたいしても境界を設けがちである。これは、これまでのゲーテッド・コミュニティに関するさまざまなモノグラフが示している特性でもある。

この地区の居住はもともと大手不動産が販売した八〇〜一〇〇坪の土地に住民が自由に家を建てたことから始まった。この地区ではしばらくの間、すぐ下の方に広がる建売住宅がひしめきあう地区の人びとを「建売りの人たち」と蔑視する動きが見られたという。これはある意味でゲーテッド・コミュニティの住民特性を示していると言えよう。

Sさんは結婚を機にこの地区に入ったが、当初「よそもの」としての違和感をぬぐえなかったという。

「わたしは埼玉のごちゃごちゃした新興の住宅地、一軒いっけん、すごくちっちゃい、くっついているような住宅地で育ち、長い間、誰とでもあいさつするのが当たり前という環境にいたものだから、同じ感覚であいさつをしたら誰も返してくれないという環境に驚きました。それとこの地区の人たちが、とくに子どもたちが長い間、隣接する建売地区の子どもたちに対して『建売りっ子』と罵っていたと聞いて衝撃を受けました。

しかしそのうちに、あいさつをしない、あいさつをし返さないということがこの地区で生きていく上での『作法』だと気づいて、私自身も積極的にあいさつをしなくなりました。つまりあいさつをしちゃいけないんだと自分に言い聞かせ、実際そうなりました。」

†「強いもの」への志向

このようにして、Sさんは「外のもの」から「内のもの」になるために外にたいして境界を設けるとともに、内にたいしても境界を設けるようになったのである。そして以前のような「べったり型」ではない「さらさら型」の近隣づきあいに、徐々に心地よさを感じるようになった。しかしSさんは最近になって、半分慣れかかっている居住の場が、自分たちとは違う者を排除する「強いもの」たちによって支配されてきたことに再帰的なまなざしを向けるようになっている。前述した反対運動が三〇年間も続いたのは、この「強いもの」に担われてきたからではないかとSさんは考えている。

考えてみれば、「強いもの」は何よりも経済的価値に重きを置く。第一章および六章で言及したイリイチに倣っていえば、かれらにとって暮らすとは何よりも「家を持つこと」、その市場的価値にこだわることであり、それ以外のもの、あるいはそれを妨げるものは退けられることになる。結局、自分たちにとってそれらは必要のないもの、無駄なもの、つまるところ排除されるべき「弱いもの」ということになる。上述したような内と外にたいする境界の設定には明らかに「強いもの」の意思が見られるが、Sさんは先の反対運動にもそうした意思が見え隠れしていると述べている。

それでは、Sさんが再帰的なまなざしを向けるようになったきっかけは何であったのだろうか。それは地域がKくんを通して、それまで地域に横溢していた「強さ」とは異なる「弱さ」の世界へと足を踏み入れたことと関係がある。もちろんそこに地域の変容が大きな影を落としていることも忘れてはならない。前掲の雑誌記者はその点について以下のように述べている。

「今、［この地区の］資産価値は激減している。中古住宅の相場は一区画あたり二〇〇〇万円台と三〇年前の五分の一にまで落ちている。……すべての窓に雨戸が下り、長らく人の住んでいる気配がない〝空き家然〟とした物件がいくつかあった。といっても、どの空き家も定期的に整備はなされているようで、周囲の景観を乱しているわけではない。」

しかしこのことは後述するとして、さしあたり「弱さに向き合うコミュニティ」が地域の変容と多少とも関連があることを指摘しておきたい。

2　弱さから強さへ——声をかけること、そして地域を動かすこと

†地域の承認

Kくんは現在一〇歳で、地元の小学校の五年生である。ダウン症のため、小学校に上がるまでは校区内にある保育園に通い、Sさんが車で送り迎えした。学齢期に達したとき、地元小学校の支援クラスに通わせるか支援学校に通わせるかという選択を迫られたが、Sさんはほとんど躊躇せず、小学校の支援クラスに通わせることにしたという。その理由を次のように述べている。

「一つには保育園の頃は全く地域を歩くということをしなかったので、とにかく小学校の間は歩いて学校に通わせるということを優先させた。そのことによって、彼の存在、ここにこういう子がいるんだ、ということを地域に知ってもらいたいと思った。

うちの子は地域にしてみると、異質なわけですね。見た目は明らかに違うし、どこか違う、この子っていう感覚が起きてしまう。そういった異質な存在を匿してしまうのではなくて、むしろ地域の方に近寄っていく機会を与える。」

さらにSさんはいう。

「たとえば、こんなことがあるのかな、と思う。一人で帰ってくるようになったとき、どっか寄り道をしてなかなか帰ってこない。そんなとき捜し回ることになるが、あの子ならあそこで見かけたよということになって、結果的に『輪が広がっていく』。」

単に「弱いもの」を地域によって守ってもらう、そしてそのことによって自分の身の安全につながるということを期待しているのではない。Sさんは「弱いもの」をまなざし、まなざされることによって、「弱いもの」が地域に承認されると考えているのである。ちなみに、藤山嘉夫は、現実の社会において「まなざされることの過小」が排除につながっていると指摘している。また、逆にまなざされることが過剰であると、アイデンティティが拡散してしまうといっている(藤山 二〇一〇)。

†「弱くて強いこと」――声かけの広がり

障害学により寄り添って言うと、地域の小学校に通うことによって地域のまなざしにさらされながら地域の承認を得ること、換言するなら「弱いもの」でありながら自分を地域にオープンにすることは、オリバーが障害と呼ばれる現象の原因となっているとする「無力化（disablement）」から回避することにもつながる（オリバー　二〇〇六）。徳川直人は、この「無力化」を以下のように説明している。

「施設で保護されるべき存在となって、社会生活から離れた暮らしや受動的な生活態度を余儀なくされ、社会の中で働く経験や自分で生活する経験を積むことができず、実際に生活能力や行為能力を失ってしまう。」（徳川　二〇一六：五三～五四）

ここで重要なのは、「強いもの」の立場に立ち、障害者を弱い「不幸な個人の物語」に押し込めてしまい、事実上、地域から排除してしまうようなことをしないことである。これから述べるように、「異質な存在」である「弱いもの」が声をかけ続けることによって「強いもの」を動かし、地域が開かれるようになることを「無力化」の動向を見据えながらしっかり押さえる必要がある。そこでは「弱いもの」が先にみたような境界を打ち壊しており、その点では「弱者といわれるような人たちが実は強い」というSさんの言葉は正鵠を得ている。それでは、「弱者の強さ」は具体的にどのようなかたちで現れているのであろうか。以下、Kくんにまつわる二つのエピソードを紹介するなかで検討してみる。

3　弱さと向き合うコミュニティの可能性

†「透明なやさしさ」と聞く力の喚起

これまで述べてきたように、Kくんは地区の小学校の支援クラスに通学している。毎朝通学班で集団登校するのであるが、Sさんは通学班が集合する場所までKくんを送っていく。「そのとき、Kはすれ違う人に必ずあいさつをするんです」とSさんは言う。

「うちの子、小さいときから本当にあいさつ魔といっていいほど、人にあいさつをするのが得意なんです。すれ違う方から、返事が来ようと来なかろうと、とにかく毎日、お早うございますと言い続けるんです。近くに住んでいる方だとは思うが、よく知らない人に対して片っ端からあいさつをする。

もともと下手に声をかけたらいけないという雰囲気のあるところだし、私だったらおはようございますと何回かあいさつをして返してくれなかったら、もういいやということになるだろうが、うちの子はひたすらあいさつをし続けるんです。

すごいなと思ったのは、そうこうするうちにあいさつをしないで通りすぎていた人があいさつをし返してくれるようになったことです。そしてそれをきっかけに地域のことについて相談を持ちかけたり持ちかけられたりするようになったのです。」

Kくんはあいさつをしても無視され続けた。そのうちに「見知らぬ人」から「この子変わっているね」といわれるようになり、やがてあいさつをし返してくれるようになった。そしてSさんもまた「見知らぬ人」と話をするようになった。Sさんは、Kくんが弱さゆえにもつ「透明なやさしさ」（高橋源一郎）が人の聞く力を喚起し、地域を開いていることに気づくようになった。そして、Sさん自身がつくりだしていた壁についても見直すようになった。

Sさんが Kくんを地元小学校に通わせようと決意したとき、どこかで地域に守ってもらおうという意識がまったくなかったわけではない。しかしいまはKくんが声をかけ続けることにより、境界のある地域を開くきっかけをつくっていることのすごさを感じ、より多くのものについて気づかされている。

†「エイエイオー」から

　また気づきという点でいえば、Sさんは数年前に自治会主催で行われた落穂拾いの清掃のときに起きたことが忘れられない。ここでは「エイエイオー」のケースといっておこう。以下、Sさんが語ったことをそのまま記してみる。

「うちの子はいまのところに引っ越ししてきた二歳半ぐらいのときから、毎年、自治会の落穂拾いの清掃に参加している。私にしてみると、ちょっと変な子がいるなということを知ってもらうために、そしてあの子自身お掃除が大変好きなこともあってそういう場に連れていきます。戦力になるかどうかは別として毎年、連れていきます。滑舌が悪いのであまり通じないが、とにかく人前に出てしゃべるのが大好きなんです。

　ある年のこと、自治会長が、皆さまお集まりいただいてありがとうございますというようなあいさつをし、それに続いて環境美化部長が型どおりのあいさつをした後、何か質問ありませんか、と言ったわけです。そうしたら、うちの子が、はい、と言って前に出ていったんです。私は離れたところから見ていたんで、その場で止めることができませんでした。ああ、出ていっちゃったと思って。またそういうところでマイクとかスピーカーホンなどを握ってしゃべりたいというのがありありと分かって。

でもそこで、ママ大好き、とか、全然関係ないようなことを言うんだろうと思い込んだ私は、駆け寄っていって、うちの子がマイクを持った途端ににらみつけたんです。ところがマイクを握ったうちの子は、これから掃除を始めます。みんな、頑張りましょう。エイエイ、と言ったんです。そこで私がちょうど彼の目の前に移動してにらみ付けたら、うちの子はしまった、ママにしかられると思って黙ってしまいました。」

しかしSさんは、その後のことが忘れられない。たしかにKくんは黙ってしまったのだが、そこに集まっていた皆が手をあげてエイエイオーと応えたのだ。

「私はすごいなと思いました。そして共生ということがあるのなら、それを止めているのは私だなと思いました。うちの子をある程度、こういう風に自由にさせておいた方がいいのかなと。活動の趣旨をしっかりと踏まえて会長さんとか部長さんなどが音頭をとって、さあやりましょう、というよりも、みんなでエイエイオーといって始める方が楽しい。実際、なんかいいね、ということで散らばって掃除を始めました。」

ちなみに、ここでSさんが「自由にさせておいたほうがいい」といっていることに関連して、高橋源一郎は『弱さの思想』のなかで「ダウン症の子たちは……ものすごく繊細で、恫喝《どうかつ》とか威嚇《いかく》にものすごく弱い。なにか言われるとまったくしゃべれなくなったりする。……なにか言われるとおびえて縮こまってしまうから、全面的に自由を確保してやらないとなにもできない。」と述べている（高橋・辻 二〇一四：一〇〇）。

†弱さと向き合うコミュニティ

Sさんは「エイエイオー」から大きな気づきを得たという。いま住んでいるところは高級住宅地といわれ、塀が高くてプライバシーを守ることがコミュニティ・モラルになっており、すれ違ってもあいさつもしないことが当たり前のように考えられている。ここではユニセフから安全なまちということで認証をとっていることがコミュニティのアイデンティティ形成のひとつの要因となっているが、このアイデンティティは内に閉じられており、自分たちとは違う者は受け容れないということが暗黙の前提になっている。「エイエイオー」はそうしたゲーテッド・コミュニティに特有の壁を内部から掘り崩すきっかけになったという点で画期的である。

そういえば、近年、この高級住宅地といわれるところでも先の雑誌記者の指摘にあるように、高齢世帯や高齢単身者の世帯が多数を占めるようになり、それとともに建て替えやリハウジングなどが見られるようになっている。そうしたなかでいやおうなしに建設や解体の現場で外国人労働者の姿が目立つようになり、これまで見られなかった新たな風景が広がっている、とSさんは言う。

「そういう人たちが気楽に、おはようございます、というわけですね。ろくに会話はできないと思うんですが。地域に存在しているはずの見えない壁がまるで存在しないかのように、おはようございます、というんですね。もちろん、こちらも、おはようございます、と返します。」

ここでは自分たちを守り、「異質な他者」を排除するためにコミュニティが設けた境界が大きく揺らいでいる。そして声をかけること、聞くことによる違い・弱さの承認がその揺らぎを「内」から促していることがわかる。この境界の揺らぎはもちろんゲーテッド・コミュニティの変容とともにあらわれているものであるが、ここで重要なのは、コミュニティ自らが自分たちの「外」に置いてきた弱さを取り込み、中心に置き直すことによってコミュニティのダイナミズムを取り戻し、そこに深く足を下ろす「生活の共同」のありようを問い直そうとしているように見えることである。この弱さの「外」から「内」への置き直しは、本章の事例ではKくんの声かけとそれに対応する地域の「聞くこと」に即して検証されたが、本書全体の脈絡でいえば「人間の多様性」という論点に行き着かざるを得ない。

†黄昏のゲーテッド・コミュニティを生きる

黄昏のゲーテッド・コミュニティにとって、弱さの取り込みはある意味で必然であったといえるかもしれない。Kくんの声かけがコミュニティに内在する「聞くこと」の力を引き出し、それまで閉じていた地域が開くことになったことは、ゲーテッド・コミュニティが効率本位の「強さ」に支配されていた間はあり得なかったであろう。またSさんがKくんに寄り添いながら、地域だけでなく自己にたいしても再帰的になることもなかったであろう。

そう考えると、Kくんがゲーテッド・コミュニティの境界／壁を打ち壊したという表現は正確ではない。ゲーテッド・コミュニティがもはや「強者」の論理ではやっていけなくなったとき、Kくんの声かけが「聞くこと」へとつながり、自分たちの設けた境界がもはや機能しないということに人びとは気づいたのである。その結果、境界が瓦解しはじめたのではないだろうか。弱さに向き合い、それを取り込むということは、コミュニティにとっては自己の立ち位置を再帰的に問うことに等しい。

いま、多くのゲーテッド・コミュニティは黄昏時を刻んでいるが、これらがサステイナビリティ(存続可能性)を維持するには、ネオリベラリズム的な競争の中に身をさらすのではなく、「非効率である」とか「脆弱である」などというレッテルを貼られてきた資源、それも「生活の共同」のなかで育まれ、再組成を繰り返してきた関係的資源に寄り添うのが有効であろう。

よく考えてみれば、上からの手段的な利用に必ずしも親和的ではない、使用価値観点にもとづくこうした関係的資源は、日本の町内や近隣が歴史を超えて、あるいは貫いて担保してきたものでもある。第六章でも言及したが、そこでは階層的違いや文化的な差異が、人びとの「生活の共同」にとって必ずしも障害とはならなかった。むしろそうしたものが複雑に交錯しながら、位相的でハイブリッドな関係性・集合性を織りなしてきたのである。そしてこうした関係性や集合性に弱さや非効率的なものが取り込まれ、コミュニティのダイナミズムを構成してきたのである。

わたしたちは、ここでたとえば、入会からコモンズへと引き継がれてきた地層に思いをめぐらせることができるのではないだろうか。もっともその場合、確認しておかなければならないのは、そうした地層が創発的なメカニズムとともに外に開かれた機制(しくみ)

を内包してきたという点である。それをフィールドに即して明らかにするためには、みてきたようなゲーテッド・コミュニティにおいて、「人間の多様性」と「差異性」を育む土壌が形成されつつあることを示す必要があるだろう。

本章では「声かけ」と「聞くこと」の連鎖の裡に弱さに向き合うコミュニティのひとつのかたちを見たが、それが単に守られる存在としての弱者の包摂の指摘に留まるのであれば、ゲーテッド・コミュニティが弱さに向き合いながら境界のありようを問い直した意義が見失われてしまうであろう。

最後にもうひとつ指摘しておきたいのは、黄昏のゲーテッド・コミュニティが弱さを取り込みながらも、他方で内に閉じられた「生活の共同」の内実をいまなお担保しているように見えることである。これは、現在進んでいる建て替えやリハウジングが今後どのような建造環境（built environment）と生活環境をつくりだすかということと密接に関連しているように思われる。

本章では主に、弱さが強さに反転する可能性について言及したが、場合によっては弱さが従来の強さを補強するだけに終わるということも考えられる。いずれにせよ、これまでコミュニティを特徴づけてきた境界がいっそう機能しなくなるなかで、今後コミュニティがどのような共同性の実を育んでいくのかを見定めることは、きわめて重要な課題である。

終　章

多様性と差異のゆくえ——ポスト都市共生へ

†多様性から差異と敵対へ

本書は、都市共生を考えるために、まず「生きられる共同性」から議論をはじめた。出発点は「生活の共同」にねざす共同性についての考察であった。それは文化人類学者のクリフォード・ギアーツに倣っていうと、「個々の人間たちは……互いの生活に関与し……互いに影響を与えあっている」（ギアーツ　一九九一：二七三）という何の変哲もない事実にもとづくものである。ここで着目したのは、そうした共同性がモダニティの下で複雑な様相を示しながらも、「互いに多様なしかたで関係しあっている人々」が、「異なった要素のたんなる集合とみえるものを互いに補強しあう社会的理解のネットワークに変えることを可能にする」という点にあった。こうして多様性と「異なる他者」にたいする寛容さ→他者性の承認という都市共生にとって欠かすことのできない二つの要件が確認されたのである。

第三章で概観したジェイコブズは、こうした二つの要件が花開く場として、都市とりわけ街路に着目した。ギアーツもまた「都市を理解することはその街路を知ることにほかならぬ」（ギアーツ 一九九一：二九〇）とした上で、街路を「『「自分自身を」「われわれ人類が有する」無限の多様性のなかに映しだす』大きな鏡」のようなものであるとしている（ギアーツ 一九九一：二九一）。同時に、この無限の多様性ゆえに、都市的秩序には「他者とともにあること」にともなう不安定性と差異性がつきまとい、絶えざる「敵対関係」をあわせもつことになるとしている。「異なる他者」の承認とともに、そうした他者が自己にたいして敵対的になるという認識がもとめられるというのである。

こうした認識は、近年、世界中に広がっている排外主義や不寛容の動き、そしてそうしたものにたいするさまざまなリアクションをみれば当然であると言っていいだろう。しかしより重要なのは、そうした認識が深まるなかで、果たして「他者」との新たな結合の可能性を見出し得るのかどうかという点にある。いずれにせよ、都市の多様性にはじまる差異と敵対の関係が都市共生のためのあらたな起点になるのかどうかが、いま鋭く問われている。以下、これまで述べてきたことを踏まえながら、都市共生の可能性と課題について少しばかり考えてみよう。

†抽象的な同一性・相同性から具体的な差異へ

都市の多様性を前提にするなら、都市共生に差異および不安定性が生じることは当然である。しかし本書の第四章および第五章で概観したように、ガジャマダ通りの街路整備および日本各地でみられる安全安心コミュニティづくりでは、「美しいまち」、「清潔で安全なまち」の形成を旗印に、異質なものを排除した同一性を志向するまちづくり、コミュニティの形成がおしすすめられている。実際には、都市にたいして複数のアイデンティティが存在するにもかかわらず、差異および不安定性を無視して「皆が同じであること」を大義名分とするまちづくり、コミュニティ形成を強制しているのである。

つまり「美しい」とか「清潔で安全」などといった、それ自体きわめて抽象的な「同一性／相同性の物語」にもとづいて街路の人びとを集列化している。そこでは、人びとの間で存在する差異をまるでないかのように扱い、同一性／相同性の物語に人びとをむりやり馴化させようとしている。このようなまちづくり、コミュニティ形成は、都市の多様性にともなう不安定性に目をとざし、結局のところ、人びとを都市共生とは相いれない、内向きの閉じた同一性の連鎖の世界に閉じこめることになっているといわざるを得ない。

それでは、いったい何が都市共生の理念的基礎となるのであろうか。ここでは、とりあえず以下の3点をあげておきたい。

第一に、都市の多様性と差異化にともなう不安定性を無視し、もっぱら抽象的な同一性／相同性を強調するような議論に賛同しないことがあげられる。こうした同一性／相同性の追求は、これまでは、ナショナルなものへと回収される一方で、構造的な差別や不平等を覆い隠す役割を果たしてきた。だからこそ、都市共生を検討する場合に、抽象的な同一性よりは具体的な差異に目を向けるべきだとするギアーツの主張（ギアーツ 一九九一：三六二）に耳を傾ける必要がある。そこでは明らかに、ジェイコブズの多様性と他者への寛容さに関する認識と響き合うものがある。

以上と関連して第二に指摘されるのは、都市共生がどのような方向に向かおうとも、差異にどのように向き合うかということが最も重要な争点になるということである。そこでは、何よりもまず、差異を覆いかくすような立場には立たないということを確認する必要がある。その上で差異が分離や懸隔をともないながらも、それらを通してどのような新たな関係性がはぐくまれているのかを問うことがもとめられよう。

ところで、その場合にあらためて確認しなければならないのは、都市を構成する諸主体がさまざまな伝統的文化や生活慣習を持ち込む可能性があることを認めた上で、そうした諸主体は、決してメルティング・ポット・オブ・カルチャーのような機制（しくみ）に組み込まれないということである。むしろ実態としては、指摘されるような諸主体はますます個別化しているのである。そしてそのことがいまや、「共にあること」をきわめてむずかしいものにしている。それが、ここでとりあげる三番目の点である。

ちなみに、そうした個別化は、三度、ギアーツに倣っていうと、次のようになる。

「ばらばらに崩れてつぶてになるのではなく、拡大して多様になる。そして……終局の解決というより、激動の始まりに向けて進んでいるといってよい」（ギアーツ　一九九一：三六二）。

以上指摘した三つの点は相互に密接に関連している。また内容的にも重複している箇所が少なくない。その点を踏まえた上であらためて指摘しておきたいのは、人と人をつなげていくものが杳として方向性が定まらないこと、つまり常に不確定であり、決して一方向に連鎖しないということ、そしてそのことが都市共生にとって要になっていることである。そうした不安定で不確定なつながりがさまざまな混沌となって立ち上がってくるところに、都市の魅力があるといえる。むろんその混沌は、内に閉じていくのではなく、外に開いて人と人とのあらたな出会いの機会を作りだすからこそ、人びとを惹きよせることになるのである。それはあらたな場における他者性の再獲得にもつながっていく。

それでは、そうした他者性の再獲得は具体的にどのような形で達成されるのであろうか。以下、少し視線を変えて論じてみよう。

†都市共生と多文化共生の間

このところ、よく目にするのが移民国家日本というテーマ設定である。たとえば、『Wedge』二〇一七年六月号では、「気がつけば移民国家」というきわめてセンセーショナルなタイトルで、移民政策と実態の乖離を鋭く問う論調を展開している。こうしたテーマ設定やそこでの論調の理論的適否はさておき、移民国家日本が「さしせまった現実」となっていることはたしかである。ここで注目したいのは、そうした「現実」の到来と相まって、みてきたような都市共生が多文化共生と重ね合わせて考察されることが多くなっていることである。

ちなみに、多文化共生を積極的に誘ってきた多文化主義について、この間、その終焉、消滅あるいは後退を主張する議論が多くなっている。実際、オーストラリア、カナダ、アメリカ合衆国、イギリスなどの多文化主義の先進国では、多文化主義批判がいまやピークに達している。竹沢泰子によると、そうしたなかで特に批判にさらされているのは、多文化共生の以下のような性格、すなわち「集団内の多様性の消去や本質主義的な『文化』概念により、文化の重層性や可変性を不透明にすること」（竹沢 二〇一一：五）にあるという。竹沢が指摘する多文化主義のこの性格は、総務省の「多文化共生の推進に関する研究会報告書」（二〇〇六年三月）において「多文化」の構成要素が「国籍や民族などの異なる人々」（同上：四）に限定されていることと符合している。要するに、多文化の範囲が事実上、新しい移住者である「外国人」に限定されていることが問題視されているのである。ちなみに、サンドロ・メッザードラは、単数形の移民の主体性について論じるアプローチには何の意味もないという。かれはその理由を以下のように述べている。

「この概念は、ただ複数形に変化する以外にはないからである。当然だが、『移民』であることの様式には無数の方法がある。というのは、それらは、階級、ジェンダー、『人種』のラインによって形を与えられ、また分割されているからだ。」（メッザードラ 二〇一五：三〇八）

前掲の竹沢によると、阪神・淡路大震災以降、「多文化」の範囲が広がっているという。竹沢はこの点について次のようにいう。

「『多民族・多国籍』だけではなく、ジェンダーや階層の違い、世代等の多様な属性を『多文化』に含めている。」（竹沢 二〇一一：八、〔 〕内は引用者）

この指摘は、すぐ前のメッザードラの指摘と明らかに響き合っている。竹沢はさらに、「歴史的に周縁化され……現に軽視または排除されている集団」（たとえばアイヌや沖縄の人びと）も「多文化」に加えている。その上で「多文化」の下にある他者や異人の範囲が広がり、それらにたいする排他性をともなう地域社会のありようが問われることになるとしている（竹沢 二〇一一：六、八）。

皮肉なことに、移民国家日本が「現実」のものとなり、都市共生が多文化共生とダブるようになるなかで、多文化共生をめぐる争点が「日本人」と「外国人」という二分法から脱して、都市共生が主舞台としてきた地域社会に移ってきているのである。これはある意味で、都市共生が多文化共生と同じものになっているというよりは、むしろ前者が後者に寄り添う形で議論されるようになっていることのあらわれであるといっていいかもしれない。いずれにせよ、都市共生が多文化共生と争点を共有するようになっていることはたしかである。もちろんそれに伴って、他者性の再獲得も共通の課題として浮上してきているのである。

人間存在にたいするトータルな問いかけと地域社会

さてこれまで述べてきたところからも明らかなように、都市共生はまぎれもなく壁にぶつかっている。他者性の再獲得もままならぬ状況にある。都市共生の理念的基礎に立ち返っていうなら、人びとの間の多様性そして不安定性、不確定性が「異なる他者」の承認にとどまっていること、いや現実にはむしろ指摘されるような多様性そして不安定性、不確定性を否定したうえで、「異なる他者」を認めないという動きが広がっている。

それでは、どうすればそうした状況から脱して都市共生のあらたな可能性を見出すことができるようになるのであろうか。この点に関して、前掲の竹沢は「共生を日常的に実践し、五感を通して感じられる空間としての『地域社会』」に期待を寄せている。他者や異人にたいする排他性を示す地域社会ではなく、「住民の主体性が強く表れた新しいまちづくりとして取り組まれる『地域社会』」がもとめられているというのである」（竹沢 二〇一一：八）。

この点についてより基礎的な主張を展開しているのが斉藤日出治・岩永真治（以下、斉藤等と略称）である。かれらは「なぜ地域社会なのか」という問いにたいして、原理的な根拠を与える議論を行っている。斉藤等のいう「都市住民権」(citadinité) の主張に耳を傾けてみよう。

> 「[都市住民権は] 自治体レヴェルにおける市民権を意味し、おのれの居住空間の生成に対する関心に根拠をおく。……[それは] 国民的同質性にもとづくのではなく、居住地域に対する政治的な責任にもとづき、都市住民の民族的・文化的・宗教的な多様性を尊重する。民族・文化・宗教の差異を不平等と排除の根拠にするのではなく、それらの差異を承認する。」(斉藤・岩永 一九九六:二六九、[ ] 内は引用者)

この主張は欧州統合の進展にともなう連合市民権の制定や移民労働者の人権の確立が焦眉の課題となっていた段階で行われているので、やや旧《ふる》びたものになっている印象はぬぐえない。またモビリティへの視点が希薄なのも気がかりである。しかし排外主義や不寛容が広がっているいまだからこそ、その主張の基礎的重要性が確認されなければならないともいえる。もっともここで指摘したいのは、そのことよりもむしろ、こうした「都市住民権」が都市の風土性や場所性に根ざしていることである。こうした風土性や場所性に根ざしているのが、ほかならぬ竹沢のいう「五感」であるが、ここで想い起こされるのは、斉藤等もとりあげているルフェーヴルのいう以下のような「都市的なるもの」である。

「都市的なるものという概念は、また、人間存在が時間や空間や対象のなかで、自分の諸条件を再獲得［内化］すること *reappropriation* を目標としている。」（ルフェーヴル 一九七四：二二三）

ここでは、人びとの間の多様性や差異を踏まえた上で、さまざまな形態をとっている「住まうこと」にもとづいて、人びとが「存在する」ことをトータルに回復するべきであることが強調されている。その際、鍵となるのは、外に広がる風土性や場所性をメディアとして「都市的なるもの」、すなわち人間存在の回復がはかられるとしている点である。

†パッチワーク・キルト、そしてオーセンティシティ

ところでここでいう場所性をよりわかりやすい形で展開しているのが、秋葉忠利である。秋葉は都市をパッチワーク・キルトととらえ、次のように述べている。

「［パッチワーク・キルトは］小さな四角い布を縫い合わせて作られた一枚の大きな布なの

ですが、都市を表すのに最適です。一人一人の人間が違った布きれを持っていると考えても良いですし、一人一人の人間をこの布きれで象徴していると思って貰っても良いと思います。その四角い布の一つ一つが違っていることに意味があります。違っていなければ最初から一枚の大きな布を織れば良いのです。

そうではなく、まず違った個性を持った人間がいるのです。大事なのは、全部一緒に重ねてしまってはいけないということです。重なるとキルトになりません。異なった布の共通の一辺を探し、その一辺に沿って縫い合わせます。違った人同士でもどこか共通するところがあるはずです。趣味でも良いですし、子どもが同じ学校に行っているということでも良いでしょうし、何か共通の一辺を探してそこを縫い合わせる。それが二枚から三枚になって、別の人とは別の共通辺で縫い合わせて、最後に美しく暖かく強いキルトが出来上がります。」（秋葉 二〇一五：一一七、〔 〕内は引用者）

少々長い引用になったが、秋葉はここで場所性を関係性の枠組みでとらえている。秋葉はこうした議論を「人間であること」は何かという根源的な問いに答える形で展開している。つまり秋葉もまたパッチワーク・キルト化を通して人間存在の回復の可能性――それは斉藤等やルフェーヴルに倣っていうと、人間存在の全体性の再獲得ということになるが

——をめざしているのである。

しかしいうまでもなく、斉藤等の議論にしても、秋葉の議論にしても、やはり理念的であるといった弊はまぬかれない。先に指摘したように、かれらの議論のもつ基礎的重要性は認めるにしても、その〈現在性〉がいかなるものであるかについてはさらに問う必要がある。都市共生を虚妄に終わらせないためにも、そのことを避けて通ることはできない。斉藤等のいう「都市住民権」にしても秋葉のいうパッチワーク化にしても、その存立の契機／条件についてはある程度説明されているが、それが現にどのような形となってあらわれているか、そしてその形がそもそもどのようにしてできあがってきたかについての説明は、ほとんどなされていない。その点では、シャロン・ズーキンのいうオーセンティシティという概念は示唆に富む。ズーキンは、それを次のように述べている。

「オーセンティシティとは生活と労働の継続的なプロセスであり、日々の体験によって徐々に形成されていくものであり、地域住民にしろ建物にしろ、今日ここにあるものが明日も続いていくという希望なのです。」（ズーキン 二〇一三：一六）。

ちなみに、ズーキンはこうしたオーセンティシティの概念を、ジェントリフィケーションによってもたらされた「きれいでクリーンな、均一化した都市風景」を向う側にして打ち出している。この概念に込められたズーキンの意図は、何よりも都市に継続性がなくなったらマチが消滅してしまうということを示すことにあったと考えられる。しかしそれだけにとどまらない。オーセンティシティはある意味で筆者が先に言及した創発性および節合を具体的にあらわすものであること、さらに都市共生が持続的に継承されていくための一つの条件となっていることを示唆しているともいえる。

†ポスト都市共生への舵取り

先に述べたように、今日、多文化共生は終わったという主張とともに、都市共生は絵空事であるという声が広がっている。たしかに、国民国家が社会的統合のためにつくりだした「共生の物語」は終わっているといえるかもしれない。多文化共生／多文化主義が社会的統合の理論的核とならないのなら、それと半ば同様のものとみなされている都市共生もまた理論的なリアリティを喪失しているといわれてもしかたない。しかし現実に多文化共生／多文化主義の裾野は確実に広がっている。それとともに、都市共生がカバーする範囲も広がっている。実際、「多文化」で対象となっている他者や異人は新移住者＝外国人だけでなく、地域社会で共に生きていかざるを得ない高齢者や青少年や障害者なども含み込んだものになっている。

他方、都市共生をささえる環境の激変には凄まじいものがある。また、共生を重視するといいながら、実質的に否定してきた制度のゆがみがこのところあちこちで表出している。さらに、その真ん中にいるか、周辺にいるかは別にして、自己と他者、あるいは「内」と「外」の「境《さかい》にいる」とか「間《あいだ》に置かれている」などといった感覚が、都市でうごめいている人びと間で常に底流としてある。

こうした存在のゆらぎは、都市共生の基底に伏在している。したがって都市共生の軸となるものが、都市を環境／メディアとして、人と人が出会い、何らかの関係をきりむすんでいく点にあるとすれば、ある時点で振り返ってこうであったということは、当事者たちにとっては必ずしも必然的なものであったとはいえない。こうであったかもしれないし、ああであったかもしれないということで、ますます混沌とゆらぎの連鎖（それは必ずしも悪循環ではない）に陥りかねない。これに上述の環境の激変と制度のゆがみが加わると、都市共生はいよいよ不安定で不確定なものになる惧れがある。

いずれにせよ、都市共生は完全には終わっているわけではないが、もう一つの都市共生を模索しなければならないポスト都市共生の時代が目の前にやってきていることはたしかである。問題は、そうしたポスト都市共生の時代が困難な共生の現状をとらえ返して立ちあらわれてくるとは、確信をもっていえないことである。それでも、都市共生の時代から逃げることはできない。あらためてジェイコブズに立ち返って、都市の多様性と他者にたいする寛容さのありようを問うとともに、それらにともなって生じている不確定で不安定な状況から、どのような事態が起きているのかを検証する必要がある。

筆者はこの間、創発性と節合の機制（しくみ）にこだわってきたが、その根底には、個人の自立性の上に成り立つ、従来の近代的な主体から、二人以上の同意にもとづく、複合的で間主観的な主体に視点を移すという筆者の問題意識があった。つまり近代的な主体を脱構築するために創発性と節合に着目したわけであるが、そうだとすれば脱統合化され、離合集散をくりかえす主体は今後どのような姿をとっていくと考えればいいのであろうか。地域コミュニティの次元では、それは「見える形」ではあらわれていないように思う。

ちなみに、今日都市をゆるがせているフェミニズムやマイノリティの運動、それからエコロジー・ムーブメントのような運動はたしかに人びとの生活世界に足を下ろしているが、基本的には地域コミュニティを拠点としない運動として広がっている。そうだとすれば、そうした運動にみられる主体性と、ネットワーク上のフットワークの軽い平面でいわば立ちあらわれては消えていく「うたかた」の主体とはどう交差するのであろうか。あるいは以上の二つの主体が何らかの形で交差するとして、それはコミュニティにどのような影響を及ぼすのであろうか。

このように考えていくと、ポスト都市共生の課題は実に奥が深く、にわかに方向性を示し得るものではないことがわかる。絵柄を示すと、たちどころに壊れてしまうようなものとしてある。序章で「いま、なぜ都市共生なのか」と問うたが、それに納得のいく回答を示し得ないままにここに来てしまったという感はぬぐえない。

†市民権の再審とコミュニティ

しかしここで確実にいえることは、ポスト都市共生の課題がいままで以上に、ローカルなコミュニティにかかわる問題として表出していることである。都市共生の理論的核となるのが市民権（シティズンシップ）であるとするなら、ポスト都市共生の時代も何らかの形で市民権のありようが一大争点になるだろう。

そしてもともと市民権が地域的で都市的なものであったとすれば、ポスト都市共生であらためて理論的核となる市民権、先の斉藤等の用語では「都市住民権」、またズーキンに倣っていうとオーセンティシティなどは、近代においてゆがめられた市民権（いわゆるナショナル・シティズンシップ）を、第六章で言及したような再帰的な主体（複合的で多様な自己）が中心になってコミュニティ次元で問い直したものとして立ちあらわれるであろう。

それは、同章で触れたように、ベックのいう「第二の近代」の最重要課題の一つとなっている。ちなみに、前掲の斉藤等は、そうした市民権の中心に「都市への権利」を据え、それを「都市成員のために諸種の活動を遂行し、享受する権利」(斉藤・岩永 一九九六：二六五)としている。

いずれにせよ、ポスト都市共生の時代には、国家よりもローカルなコミュニティ、それも新しいまちづくりの集合的主体となるようなコミュニティがキー・ファクターになるだろう。しかしそれはそう簡単ではない。考えてみれば、ポスト都市共生の時代において課題とされるもののなかに、今後の移民国家日本における移民の権利保障の問題が取り込まれるようになることは十分に予想される。都市共生と多文化共生は必ずしも同列に論じられないが、すでに述べたように両者は大きく重なり合っている。だから、単純にここまでは都市共生で、ここから先は多文化共生であるというような線引きはできないのである。

むしろポスト都市共生の時代には、その境界があいまいになり、すぐれて国家次元のものと考えられてきた先の移民の権利保障のような問題も、ローカルな位相でとらえかえされるようになるであろう。しかもそこにはAI化の影響が加わる。こうしてみると、都市共生があらたな段階に入ったいま、われわれはいっそうむずかしい舵取りを迫られているといえよう。

あとがき

本書は、昨年(二〇一八年)秋に刊行した前著『都市社会学――歴史・思想・コミュニティ』を通底するテーマ、いわゆる「異なる他者との共存」を一方で原点に立ち返って、そして他方でより経験的な地層(ここではコミュニティ)に降り立って敷衍《ふえん》し検証しようとして執筆されたものである。それが果たしてどの程度達成されているかと問われると、はなはだ心もとないが、本書の基本的なアイデアは前著の企画段階ですでにできあがっていた。

しかしこの数年間に上記のテーマをめぐる環境が激変したため、一度は執筆を断念しかかった。何よりも、その基層(多文化主義)が掘り崩されてしまったと考えたからである。同時に、そうした環境の激変はたしかにテーマの〈現在性〉を問うことになったが、テーマじたいの有効性はいささかも減じていないこと、いやむしろその意義が増大していることがわかった。いずれにせよ、本書は社会と時代がいっそう不寛容/非寛容になるなかで、実に厄介な課題を背負いながら世に出ることになったのである。

さて本書の基《もと》となる原稿は、上述したように数年前にできあがっていたアイデアにもとづいて、いったんは執筆された。しかし執筆されたものはいかにも生硬でこなれていなかった。少なくとも新書としては不適格であると考えられた。そこで編集者と相談して、執筆されたものを口述で表現しなおすことにした。そして数カ月にわたって、そのためのレジュメを作成し、編集者の前で口頭報告をし、内容の推敲につとめるといった作業を行った。今となってはその作業は懐かしいの一語につきるが、本書は以上の作業を経て織りなされた草稿に手を加えてできあがったものである。依然としてこなれた内容からはほど遠いものであるが、アイデア段階のものからは多少とも前に進んだと思う。

もちろん、アイデアそのものをより広い視野の下で組み直し説得力のあるものにしようと試みた。それとともに論拠をあきらかにするために可能な範囲で引用箇所を示した。そのために通常の新書のスタイルから逸脱することになったかもしれないが、それについてはとりあえず了承していただくしかない。

考えてみれば、排外主義的なナショナリズムが吹き荒れるこの社会、この時代にあって共生の作法を考えることは、ある意味で自己の立ち位置を問い直すことになる。そして問い直すことは「問い直される」ことでもある。すなわち共生ということで「異なる他者」に向き合いながら、かれら／かの女らによって自己のありようが問い返されるのである。

こうして苦渋のダイアログ（問答）の過程に必然的に組み込まれることになるが、コスモポリタン化が進む社会ではこれを避けて通ることはできない。

本書ではこのことを示すために、ときとして厄介な議論にのめり込み、またときとして複雑な様相を呈しているフィールドに分け入った。そのことが結果的にアイデアの明晰化につながったとは必ずしも言えないかもしれないが、テーマに関して一つの形を示すことはできたのではないかと思う。つまり前著から抱えてきた課題に多少なりとも応えることができたのではないかと考えている。もちろん、これで十分だというわけではない。読者の方々によるご指摘、ご批判を俟《ま》ってさらに検討する必要があるだろう。

なお、本書は当初、全篇書き下ろしの予定であった。しかし企画成立後生じた予期せぬ出来事（種々の事情）のため、第一章、第二章、第四章、第七章は既発表論稿を下敷きにすることになった。それらの初出を記すと、以下のようになる。

第一章「モダニティ・共同性・コミュニティ――『生きられる共同性』再論」金子勇編著『計画化と公共性』（講座・社会変動10）、ミネルヴァ書房、二〇一七年。

第二章「上からと下から――都市を見る漱石の目、鷗外の目」吉原直樹・近森高明編著『都市のリアル』有斐閣、二〇一三年。

第四章「アジェグ・バリと自閉するまちづくり」西山八重子編著『分断社会と都市ガバナンス』日本経済評論社、二〇一一年。
第七章『「犠牲のシステム」を超えるコ・プレゼンスは可能か?――原発事故被災者と支援者の間」大場茂明・大黒俊二・草生久嗣編『文化接触のコンテクストとコンフリクト――環境・生活圏・都市』清文堂出版、二〇一八年。

いずれも、転載にあたっては大幅に加筆・修正を施しており、実質的に書き下ろしに近いものになっている。

*

本書執筆に至るまでに、多くの人びとから有形無形の恩恵を受けている。ここではいちいちお名前をあげることはしないが、とりわけモビリティ研究会および都市空間研究会の諸氏にはお世話になった。相互に異なるディシプリンに立つ、これらの人びととのポレミークな議論に大きな刺戟を受けながら、気づいたら本書を著わしていた。研究会では、何よりも包括的な歴史認識とプルーラルな理論感覚をやしなうことの重要性と意義を教えられた。

さらにアイデアの段階および草稿の段階で、レジュメを読み議論に加わってくれた同僚および学部や大学院の学生に感謝したい。小さな教室や研究室で「教えるとは、未来を共に語ること。学ぶとは、誠実を胸に刻むこと。」（ルイ・アラゴン）を反芻《はんすう》しながら、自由奔放な議論を交わした日々が忘れられない。その日々が今日につながっていることはいうまでもない。

最後に、文字通り本書の生みの親であるちくま新書編集長の松田健さんに感謝の気持ちを記したい。松田さんには、本書の企画段階から上梓にいたるまで随分お世話になった。最初に企画について話し合ったのはいつ頃だっただろうか。それから今日に至るまで数年経っていることはたしかだが、私が準備した草稿を口頭報告し、それに推敲を加えるという案を提示されたのは松田さんであった。私にとっては初めての経験であったが、その都度適切なご助言をいただくことができ、本書が新書として日の目をみるにあたっては、この経験がまぎれもなく土台となっている。松田さんと出会えたことに感謝するとともに、あらためてその幸運をかみしめたいと思う。

二〇一九年　残暑厳しい西会津にて

吉原直樹

参考文献

Appadurai, A. 1996, *Modernity at large: Cultural Dimensions of Globalization*, University of Minnesota Press. アパデュライ／門田健一訳『さまよえる近代』平凡社、二〇〇四年。

Arendt, H. 1951, *The Origins of Totalitarianism*, Meridian Books. アーレント／大島通義・大島かおり訳『全体主義の起源』3、みすず書房、一九七四年。

Baudelaire, C. 1981, *Selected Writing on Art and Artists*, Cambridge University Press. ボードレール／阿部良雄訳『ボードレール全集』Ⅳ、筑摩書房、一九八七年。

Bauman, Z. 2000, *Liquid Modernity*, Polity. バウマン／森田典正訳『リキッド・モダニティ——液状化する社会』大月書店、二〇〇一年。

Beck, U. 2003, "The Cosmopolitan Perspective: Sociology in the Second Age of Modernity," in S. Vertovec and R. Cohen (eds.), *Conceiving Cosmopolitanism*, Oxford University.

——2008, *Der eigene Gott*, Verlag der Weltreligionen. ベック／鈴木直訳『〈私〉だけの神』岩波書店、二〇一一年。

Berque, A. 1986, *Le sauvage et l'artifice-Les Japonais devant la nature*, Gallimard. ベルク／篠田勝英訳『風土の日本』筑摩書房、一九八八年。

Blanchot, M. 1983, *La communauté inavouable*, Éditions de Minuit. ブランショ／西谷修訳『明かしえぬ共同体』朝日出版社、一九八四年。

Bourdieu, P. 1977, *Argerie: structures economiques et structures tempor*, Edition de Minuit. ブルデュー／原山保訳『資本主義のハビトゥス——アルジェリアの矛盾』藤原書店、一九九三。

Braidotti, R. 2013, *The Posthuman*, Polity. ブライドッティ／門林岳史監訳『ポスト・ヒューマン』フィルムアート社、二〇一九年。

Braudel, F. 1979, *Les jeux de l'échange*, tome2, XVe-XVIIIe siècle, Librairie Armand Colin. ブローデル／山本淳一訳『交換のはたらき』2、みすず書房、一九八八年。

Brown, D. 1974, "Corporations and Social Stratification," *Current Anthropology*, 15-1.

Casy, E. S. 1996, *The Fate of Place: A Philosophical History*, University of California Press. ケーシー／江川隆男ほか訳『場所の運命——哲学における隠された歴史』新曜社、二〇〇八年。

Delanty, G. 2003, *Community*, Routledge. デランティ／山之内靖・伊藤茂訳『コミュニティ』NTT出版、二〇〇六年。

Dinas Tata Kota Pemerintah Kota Denpasar 2006, *Term of Reference Kegiatan Sosialisasi Rencana Penataan Koridor Jl. Gajah Mada Denpasar.*

Dwijendra, N. K. A. dan Yudantini, NI Made 2007, "Studi penggalian aspirasi pemilik toko dalam rangka penataan koridor Jl. Gajah Mada kota Denpasar," *Jurnal Permukiman Natah*, Vol.5, No.2.

Elliott, A & C. Lemert 2006, *The New Individualism: The Emotional Cost of Globalization*, Routledge.

Florida, R. 2003, *The Rise of the Creative Class*, Basic Books. フロリダ／井口典夫訳『クリエイティブ資本論』ダイヤモンド社、二〇〇八年。

——2008, *Who's Your City?*, Basic Books. フロリダ／井口典夫訳『クリエイティブ都市論』ダイヤモンド社、二〇〇九年。

Foucault, M. 1972, *Space, Knowledge and Power*, New York. フーコー／八束はじめ訳「空間・知そして権力」『現代思想』一九八四年一〇月号。

Geertz, C. 1963, *Peddlers and Princes: Social Change and Economic Modernization in Two Indonesiar Towns*, University of Chicago Press.

——1983, *Local Knowledge: Further Essays in Interpretive Anthropology*, Basic Books. ギアーツ／梶原景昭ほか訳

『ローカル・ノレッジ：解釈人類学論集』岩波書店、一九九一年。
Giddens, A. 1990, *The Consequences of Modernity*, Polity. ギデンズ／松尾精文・小幡正敏訳『近代とはいかなる時代か？――モダニティの帰結』而立書房、一九九三年。
Goffman, E. 1966, Behavior in Public Places: Notes on the Social Organization of Gatherings, Free Press. ゴッフマン／丸木恵祐・本名信行訳『集まりの構造――新しい日常行動論を求めて』誠信書房、一九八〇年。
Granovetter, M. 1973, "The Strength of Weak Ties," *American Journal of Sociology*, 78.
Harvey, D. 1990, *The Condition of Postmodernity*, Blackwell. ハーヴェイ／吉原直樹監訳『ポストモダニティの条件』青木書店、一九九九年。
――2005, *A Brief History of Neoliberalism*, Oxford University Press. ハーヴェイ／渡辺治監訳『新自由主義――その歴史的展開と現在』作品社、二〇〇七年。
――2009, *Cosmopolitanism and the Geographies of Freedom*, Columbia University Press. ハーヴェイ／大屋定晴ほか訳『コスモポリタニズム――自由と変革の地理学』作品社、二〇一三年。
Husserl, E. 1928, *Zur Phänomenologie des inneren Zeitbewußtseins (1893-1917)*, フッサール／谷徹訳『内的時間意識の現象学』ちくま学芸文庫、二〇一六年。
Illich, I. 1973, *Tools for Conviviality*, Harper & Row. イリイチ／渡辺京二・渡辺梨佐訳『コンヴィヴィアリティのための道具』ちくま学芸文庫、二〇一五年。
Jacobs, J. 1961, *The Death and Life of Great American Cities*, Vintage. ジェイコブズ／山形浩生訳『アメリカ大都市の死と生』鹿島出版会、二〇一〇年。
――1970, *The Economy of Cities*, Vintage. ジェイコブズ／中江利忠・加賀谷洋一訳『都市の原理』鹿島出版会、二〇一一年。
José Ortega y Gasset 1962, *La rebelión de las masas*, Revista de Occidente, Obras Completas, Vol. 4. オルテガ／寺田和夫訳『大衆の反逆』中央公論新社、二〇〇二年。

Johnson, S. 2001, *Emergence: The Connected Lives of Ants, Brains, Cities, and Software*, Simon & Schuster. ジョンソン／山形浩生訳『創発──蟻・脳・都市・ソフトウェアの自己組織化ネットワーク』ソフトバンク・パブリッシング、二〇〇四年。

Laclau, E. and C. Mouffe 1985, *Hegemony and Socialist Strategy towards a Radical Democratic Politics*, Verso. ラクラウ&ムフ／山崎カヲル・石澤武訳『ポスト・マルクス主義と政治』大村書店、二〇〇〇年。

Latouche, S. 2004, *Survivre au développement*, Mille et une nuits. ラトゥーシュ／中野佳裕訳『経済成長なき社会発展は可能か?』作品社、二〇一〇年。

──2010, *Pour sortir de la société de consommation*, Les Liens qui Libèrent. ラトゥーシュ／中野佳裕訳『〈脱成長〉は世界を変えられるか?』作品社、二〇一三年。

Lefebvre, H. 1992, *The Production of Space*, Wiley-Blackwell. ルフェーヴル／斉藤日出治訳『空間の生産』青木書店、二〇〇〇年。

──2003, *The Urban Revolution*, University of Minnesota Press. ルフェーヴル／今井成美訳『都市革命』晶文社、一九七四年。

Mezzadra, S. 2006, *Diritto di fuga: Migrazioni, cittadinanza, globalizzazione*, edizione nuova, Ombre corte. 2006. メッザードラ／北川眞也訳『逃走の権利──移民、シティズンシップ、グローバル化』人文書院、二〇一五年。

Mouffe, C. 2005, *On the Political*, Routledge. ムフ／酒井隆史監訳『政治的なものについて──闘技的民主主義と多元主義的グローバル秩序の構成』明石書店、二〇〇八年。

Nusbaum, M. C. 1996, *For Love of Country: Debating the Limits of Patriotism*, Beacon. ヌスバウム／辰巳信知・熊川元一訳『国を愛するということ──愛国主義の限界をめぐる論争』人文書院、二〇〇〇年。

Oliver, M. 1990, *The Politics of Disablement*, Macmillan. オリバー／三島亜紀子ほか訳『障害の政治学』明石書店、二〇〇六年。

Pirenne, H. 1925, *Medieval Cities: Their Origins and the Revival of Trade*, Vintage Books. ピレンヌ／佐々木克己訳

『中世都市——社会経済史論』創文社、一九七〇年。
Robertson, R. 1992, *Globalization: Social Theory of Global Culture*, Sage. ロバートソン／阿部美哉訳『グローバリゼーション——地球文化の社会理論』東京大学出版会、一九九七年。
Said, E. W. 1994, *Representation of the Intellectual: The 1993 Reith Lectures*, Vintage. サイード／大橋洋一訳『知識人とは何か』平凡社、一九九五年。
——2002, "Europe versus America," *Al-A hram Weekly Online*, 14-20. サイード／中野真紀子訳『裏切られた民主主義——戦争とプロパガンダ4』みすず書房、二〇〇三年。
Sandburg, C. 1916, *Chicago Poems*, Henry Holt. サンドバーグ／安藤一郎訳『シカゴ詩集』岩波文庫、一九五七年。
Sennett, R. 1976, *The Fall of Public Man*, Cambridge University Press. セネット／北山克彦・高階悟訳『公共性の喪失』晶文社、一九九一年。
Simmel, G. 1903, "Die Grossstädte und das Geistesleben," (Brücke und Tür, 1957, SS.227-242). ジンメル／居安正訳「大都市と精神生活」『橋と扉』ジンメル著作集12、白水社、一九七六年。
Urry, J. 1995, *Consuming Places*, Routledge. アーリ／吉原直樹・大澤善信監訳『場所を消費する』法政大学出版局、二〇〇三年。
——2000, *Sociology beyond Societies: Mobilities for the Twenty-First Century*, Routledge. アーリ／吉原直樹監訳『社会を越える社会学——移動・環境・シチズンシップ』法政大学出版局、二〇〇六年。
——2003, *Global Complexity*, Polity. アーリ／吉原直樹監訳『グローバルな複雑性』法政大学出版局、二〇一四年。
——2016, *What is Future?*, Polity. アーリ／吉原直樹ほか訳『未来論の未来』作品社、近刊。
Yoshihara, N. 2010, *Fluidity of Place*, Trans Pacific Press.
Young, I. 1990, *Justice and Politics of Difference*, Princeton University Press.
Weber, M. 1922, "Typologie der Städte," *Wirtschaft und Gesellschaft: Grundriss der verstehenden Soziologie*, Bd. II. ウェーバー／世良晃志郎訳『都市の類型学』創文社、一九六四年。

Zukin, S. 2010, *Naked City: The Death and Life of Authentic Urban Places*, Oxford University Press. ズーキン／内田奈芳美・真野洋介訳『都市はなぜ魂を失ったか――ジェイコブズ後のニューヨーク論』講談社、二〇一三。
饗庭孝男 一九九八、『幻想の都市』講談社学術文庫。
秋葉忠利 二〇〇四、『新版 報復ではなく和解を――いま、ヒロシマから世界へ』岩波現代文庫。
雨宮昭一 一九九八、『戦時戦後体制論』岩波書店。
網野善彦 一九八七、『無縁・公界・楽――日本中世の自由と平和』(増補版)、平凡社。
伊豫谷登士翁 二〇一三、「グローバリゼーションの経験と場所」宮島喬ほか編著『グローバリゼーションと社会学』ミネルヴァ書房。
―― 二〇一四、「移動のなかに住まう」伊豫谷登士翁・平田由美編『「帰郷」の物語／「移動」の語り――戦後日本におけるポストコロニアルの想像力』平凡社。
上野千鶴子 一九八七、「選べる縁、選べない縁」栗田靖之編『現代日本における伝統と変容3 日本人の人間関係』ドメス出版。
大久保喬樹 一九七九、『夢と成熟――文学的西欧像の変貌』講談社。
大黒俊二 二〇一八、「『合同生活圏』をめぐって」大場茂明・大黒俊二・草生久嗣編『文化接触のコンテクストとコンフリクト』清文堂出版。
大沢真理 二〇一三、「はじめに」萩原久美子・皆川満寿美・大沢真理編『復興を取り戻す――発言する東北の女たち』岩波書店。
大森荘蔵 一九九四、『時間と存在』青土社。
オリガス、J・J 二〇〇三、「『蜘蛛手』の街――漱石初期作品の一断面」『物と眼――明治文学論集』岩波書店。
河合幹雄 二〇〇四、『安全神話崩壊のパラドックス』岩波書店。
北九州市市民スポーツ文化局 二〇一三、『「防犯カメラ」に関する市民アンケート報告書』。

河野哲也 二〇〇八、「アフォーダンス・創発性・下方因果」河野哲也・染谷昌義・齋藤暢人編著『環境のオントロジー』春秋社。
斉藤日出治・岩永真治 一九九六、『都市の美学（アーバニズム）』平凡社。
齋藤純一 二〇〇〇、『公共性』岩波書店。
―― 二〇〇八、『政治と複数性』岩波書店。
―― 二〇一三、「コミュニティ再生の両義性」伊豫谷登士翁・吉原直樹・齋藤純一『コミュニティを再考する』平凡社新書。
―― 二〇一七、『不平等を考える――政治理論入門』ちくま新書。
佐々木雅幸 二〇一六、「ジェイコブズと創造都市論」塩沢由典ほか編集『ジェイン・ジェイコブズの世界 1916-2006』（別冊環㉒）、藤原書店。
清水盛光 一九七一、『集団の一般理論』岩波書店。
須賀敦子 二〇〇〇、『コルシア書店の仲間たち』（全集第一巻）、河出書房新社。
高橋源一郎・辻信一 二〇一四、『弱さの思想――たそがれを抱きしめる』大月書店。
高橋哲哉 二〇一二、『犠牲のシステム 福島・沖縄』集英社新書。
竹沢泰子 二〇一一、「移民研究から多文化共生を考える」日本移民学会編『移民研究と多文化共生』御茶の水書房。
チェン、d 二〇一九、「〈喚起すること3〉コンヴィヴィアリティの発酵」『ちくま』五七七。
土屋圭一郎 一九九六、『正義論／自由論』岩波書店。
徳川直人 二〇一六、『色覚差別と語りづらさの社会学――エピファニーと声と耳』生活書院。
夏目漱石 一九四七、『倫敦塔』（漱石全集第二巻）、岩波書店。
似田貝香門 二〇〇八、「市民の複数性――現代の〈生〉をめぐる〈主体性〉と〈公共性〉」似田貝香門編著『自立支援の実践知――阪神・淡路大震災と共同・市民社会』東信堂。
―― 二〇一二、「防災の思想」吉原直樹編『防災の社会学［第二版］』東信堂。

日本政府観光局編 二〇一六、『日本の国際観光統計二〇一五年』国際観光サービスセンター。
野家啓一 一九九六、『物語の哲学』岩波書店。
平井京之介 二〇一二、「序章」平井京之介編『実践としてのコミュニティ』京都大学学術出版会。
広井良典 二〇〇一、『定常型社会』岩波新書。
藤山嘉夫 二〇一〇、「『創られながら創る』関係の方へ――〈現代のプルクルステスのベッド〉との相克」『横浜市立大学論叢 人文科学系列』六一―一。
ベック、U 二〇一一、「個人化の多様性」ベック、U・鈴木宗徳・伊藤美登里編『リスク化する日本社会――ウルリッヒ・ベックとの対話』岩波書店。
前田愛 一九九二、『都市空間のなかの文学』ちくま学芸文庫。
真木悠介 二〇〇三、『時間の比較社会学』岩波書店。
正村俊之 二〇〇九、『グローバリゼーション――現代はいかなる時代なのか』有斐閣。
松岡心平 一九九一、『宴の身体』岩波書店。
室崎益輝 二〇一〇、「マップが地域づくりの力に」『朝日新聞』二〇一〇年二月一五日。
森千香子 二〇一八、「ニューヨーク中間選挙に起きた革新候補の小さな波」『UP』五五四。
森鷗外 一九五四、『舞姫・うたかたの記他二篇』角川文庫。
吉原直樹 二〇〇〇、『アジアの地域住民組織――町内会・街坊会・RT/RW』御茶の水書房。
―― 二〇〇二、『都市とモダニティの理論』東京大学出版会。
―― 二〇〇七、『開いて守る――安全・安心のコミュニティづくりのために』岩波ブックレット。
―― 二〇〇八a、「デサとバンジャール」吉原直樹編著『グローバル・ツーリズムの進展と地域コミュニティの変容』御茶の水書房。
―― 二〇〇八b、『モビリティと場所――21世紀都市空間の転回』東京大学出版会。
―― 二〇一一、『コミュニティ・スタディーズ』作品社。

――二〇一三、『「原発さまの町」からの脱却――大熊町から考えるコミュニティの未来』岩波書店。

――二〇一五、「コミュニティ・オン・ザ・ムーブ――破局を越えて」吉原直樹・仁平義明・松本行真編著『東日本大震災と被災・避難の生活記録』六花出版。

――二〇一六、『絶望と希望――福島：被災者とコミュニティ』作品社。

――二〇一五、「アジア系外国人観光客の増大とコミュニティ」『都市問題』一〇六。

――二〇一七、「『小文字の復興』のために」吉原直樹・似田貝香門・松本行真編著『東日本大震災と〈復興〉の生活記録』六花出版。

――二〇一八、『都市社会学――歴史・思想・コミュニティ』東京大学出版会。

鷲田清一 二〇一五、『「聴く」ことの力――臨床哲学試論』ちくま学芸文庫。

――二〇一六、「普通でありながら、すごく普通ではないこと」岩波新書編集部編『18歳からの民主主義』岩波新書。

渡辺靖 二〇〇七、『アメリカン・コミュニティ』新潮社。

ちくま新書
1445

コミュニティと都市《とし》の未来《みらい》
——新《あたら》しい共生《きょうせい》の作法《さほう》

二〇一九年一〇月一〇日　第一刷発行

著者　吉原直樹（よしはら・なおき）

発行者　喜入冬子

発行所　株式会社　筑摩書房
東京都台東区蔵前二―五―三　郵便番号一一一―八七五五
電話番号〇三―五六八七―二六〇一（代表）

装幀者　間村俊一

印刷・製本　株式会社　精興社

ISBN978-4-480-07259-7 C0236

ちくま新書

800
コミュニティを問いなおす
――つながり・都市・日本社会の未来
広井良典
高度成長を支えた古い共同体が崩れ、個人の社会的孤立が深刻化する日本。人々の「つながり」をいかに築き直すかが最大の課題だ。幸福な生の基盤を根っこから問う。

1304
ひとり空間の都市論
南後由和
同調圧力が高い日本の、おひとりさま。だが都市生活では、ひとりこそが正常だったはずだ。つながりやコミュニティへ世論が傾く今、ひとり空間の可能性を問い直す。

1338
都心集中の真実
――東京23区町丁別人口から見える問題
三浦展
大久保1丁目では20歳の87％が外国人。東雲1丁目だけで子どもが2400人増加。中央区の女性未婚者増は男性の倍。どこで誰が増えたのか、町丁別に徹底分析！

1374
東京格差
――浮かぶ街・沈む街
中川寛子
「閑静な住宅街」「職住分離」「住みよい街」という発想はもはや時代遅れ。二極化する東京で、生きのこる街の条件は何か？　豊富な事例も交えつつ具体策を探る。

1094
東京都市計画の遺産
――防災・復興・オリンピック
越澤明
幾多の惨禍から何度も再生してきた東京。だが、インフラ未整備の地区は数多い。首都大地震、防災への備え、五輪へ向けた国際都市づくりなど、いま何が必要か？

1401
大阪
――都市の記憶を掘り起こす
加藤政洋
梅田地下街の迷宮、ミナミの賑わい、2025年万博の舞台「夢洲」……気鋭の地理学者が街々を歩き、織田作之助らの作品を読み、思考し、この大都市の物語を語る。

1100
地方消滅の罠
――「増田レポート」と人口減少社会の正体
山下祐介
「半数の市町村が消滅する」は嘘だ。「選択と集中」などという論理を振りかざし、地方を消滅させようとしているのは誰なのか。いま話題の増田レポートの虚妄を暴く。